Where did you learn English?

너 영어 어디서 배웠니?
Where did you learn English?

초판 1쇄 인쇄 : 2010년 8월 10일
초판 1쇄 발행 : 2010년 8월 15일

글쓴이 : 정대진
발행인 : 김영재
교 정 : 이현선

발행처 : 책마루
주소 : 서울 금천구 독산동 1002번지 진도1차 806호
대표전화 : 02-445-9513
팩스 : 02-445-4513
이메일 : bookmaru9513@gmail.com
디자인 : 캠프커뮤니케이션즈

ISBN 978-89-963219-5-8-13740

- 잘못된 책은 구입한 서점에서 바꿔 드립니다.
- 이 책에 실린 모든 내용, 디자인, 이미지, 편집 구성의 저작권은 책마루에 있습니다.
  허락 없이 복제하거나 다른 매체에 옮겨 실을 수 없습니다.

너 영어 어디서 배웠니?
Where did you learn English?

유학 안 다녀온
국내파 통역관의
영어 따라잡기

글 | 정대진

여는 말
비법은 없다, 그러나 방법은 있다

　초임 해군 통역관 시절 소위 계급장을 달고 아직 업무파악에 분주하던 때의 일입니다. 정식으로 사령관 통역을 해 본 적도 없고 이것저것 준비만 열심히 하던 때였습니다. 그러던 어느 날 잠시 볼일을 보러 화장실을 갔는데 사령관 부관이 급하게 저를 찾았습니다. 사령관이 저를 호출한다는 것이었습니다.
　볼일도 채 보지 못하고 엉거주춤한 채로 사령관실로 갔습니다. 통역관이 새로 왔다고 하니 뭔가 시키실 일이 있나 보다 했습니다.
　"통역관, 너 영어 어디서 배웠니? 이력서 보니까 한국에서만 공부했던 것 같던데, 맞나?"
　"네, 맞습니다!"
　"통역관들은 보통 미국 대학 나온 사람들만 있는 줄 알았는데 신기하구만. 사실은 내가 요즘 영어회화 공부를 하려고 하거든. 국내에서만 공부한 너만의 비법이 있으면 좀 알려줘 봐"
　순간 당황스러웠습니다. 밤잠 안 자고 미국 드라마 보며 문장 외우고, 시간 날 때마다 영자신문이나 원서 집어 들고 중얼거리며 통역장교 시험 준비하던 모습이 머릿속에 파노라마처럼 스쳐 지나갔습니다. 특별한 비법이 없었고 그저 하루 중 확보할 수 있는 시간이 생기는 대로 집중해서 공부한 것밖에 없었습니다.

"비법이 없습니다. 비법이 있다면 저도 알고 싶습니다."

제 대답에 사령관께서도 순간 멈칫하는 눈치였습니다. 그러나 곧 빙그레 웃으시며 말씀하셨습니다.

"그래, 네 말이 맞다! 비법이 있으면 그거 아는 사람마다 다들 영어 잘하겠지 이러고들 있겠나, 허허허"

초임 장교가 별을 단 제독께 "비법이 있다면 나도 알고 싶다"며 당돌하게 말한 셈입니다. 하지만 사실이었습니다.

군대에서 별을 단 장성의 권위는 막강합니다. 화장실에서 볼일을 보다가도 부르면 뛰어가야 합니다. 그러나 그 앞에서 막 임관한 소위인 저도 영어공부에는 "비법이 없다"고 말했습니다. 사령관의 권위만큼이나 영어공부에 왕도가 없다는 평범한 진리도 높고 준엄한 것입니다.

"비법은 없지만 방법은 있습니다."

만약 제가 다시 소위 시절로 돌아가 같은 상황을 만난다면 이처럼 대답하겠습니다. 영어공부를 했던 지난 시절을 돌이켜보니 그런 답변

이 가능하리라는 판단이 듭니다. 특히 3년 간 해군 통역관 생활을 하면서 "너 영어 어디서 배웠니?"라는 질문을 접할 때마다 생각을 가다듬다 보니 이 같은 답을 준비하기에 이르렀습니다.

이 책은 그 준비한 답변 내용을 담고 있습니다. 그간 책 제목이기도 한 그 질문을 제게 던지셨던 많은 분들이 답변서처럼 이 책을 받아들이고 읽으셨으면 좋겠습니다. 그리고 더 많은 분들이 보시면서 각자의 영어공부에 많은 영감과 희망 혹은 용기를 얻으시기를 소망합니다.

영어가 중요한 시대입니다. 어느 전자회사 광고에 나왔던 장면처럼 '디지털'을 '돼지털'로 알아들어서는 살아남기 힘든 세상입니다. '디지털'을 '돼지털'로 잘못 알아듣는 분들은 점점 뒤처지고, 바야흐로 영어가 지식격차와 문화소외의 주원인이 되는 시대입니다.

이런 시대에 많은 '우리'들이 영어완전정복을 꿈꾸지만 실제로 그것은 꿈으로 그치는 경우가 허다합니다. 그 '우리' 중의 하나인 제가 부족하나마 꿈을 조금씩 현실로 만들어 가던 이야기가 이 책에 담겨 있습니다.

외국 대학을 나온 것도 아니고, 외고를 다닌 적도 없으며, 대학에서 영문학을 전공한 것도 아닌 제가 평범한 삶의 환경에서, 어떻게 우리 사회에서 '특별한' 수단으로 인식되는 영어를 공부하고 활용했는지를 정리해 보았습니다.

먼저 첫 번째 장인 〈그 순간 내게 영어가 손짓했다〉에서는 한국에서만 정규교육을 받았던 저의 성장과정과 영어에 관련된 일화들을 그려 보았습니다. 대한민국의 보통 동네 초·중·고교와 서울시내의 한 대학을 다닌 수준에서 어떻게 영어를 접하고 살아왔는지를 적어 두었습니다. 그 생활 속에서 느낀 영어공부에 참고할 만한 생각이나 태도 등 간단한 팁tip도 정리해 두었습니다.

바쁜 생활 때문에 영어공부를 하기 힘드십니까? 혹은 외국에서 공부해 본 적이 없어서 영어를 못하겠다고 생각하십니까? 국내에서만 정규교육을 받으며 영어공부를 한 제 경험과 생각들을 보시다 보면 '쟤도 했는데 나도 해 봐야지' 라는 도전정신이 생길 겁니다.

첫 번째 장의 각 일화마다 관련된 영어지식을 짧게 덧붙인 '잠깐! 영어상식'도 쉬어가는 페이지 느낌으로 읽어 보시면 되겠습니다.

이어지는 두 번째 장인 〈그리고 나는 영어를 공부했다〉에서는 제 평범한 삶의 과정에서 영어를 공부해 온 방법을 정리해 두었습니다. 그리고 제가 아는 범위 내에서 권해 드릴 만한 영어학습법을 적어 두었습니다. 특별한 비법이라기보다 제가 해 봤던 실천 가능한 방법들을 중심으로 기록해 두었습니다. 모두가 이미 아실 만한 방법일 겁니다. 실제로 그런 방법들을 제가 어떻게 활용하고 실천해 왔는지를 중점적으로 보시면 도움이 될 것입니다.

두 번째 장의 각 이야기 꼭지마다 덧붙인 '질문 있습니다!' 코너는 그동안 많은 분들이 제게 털어놓으셨던 영어공부 고민에 대한 답변입니다. 많은 고민 중에 가장 공통적인 질문들과 책 내용전개에 맞는 질문들을 골라 나름대로 길을 제시해 두었습니다. 영어공부를 고민하시는 분이라면 아마 비슷한 질문들을 가지고 계실 겁니다. 그에 대한 답을 찾는데 도움이 되길 바랍니다.

'해 보자, 영어공부! YES, WE CAN!' 라는 코너에서는 구체적인 영어공부법을 정리해 두었습니다. 영어공부에 관한 미디어 교재와 공부법은 많은데 구체적으로 이를 어떻게 활용할지, 어디서부터 시작할지 난감할 때가 많습니다. 제 경험과 주위 영어고수들의 조언을 바탕으로 실천 가능한 방법들을 제시해 두었습니다. 눈 여겨 읽어 보시고 각자의 생활에 응용해 보시길 권합니다. 다소 유치한 제목이지만 '파이팅' 하시면서 읽어 보시기 바랍니다.

저는 이 책이 저만의 일방적인 이야기로 끝나지 않기를 바라고 있습니다. 말하자면 이 책은 "정대진의 영어 학습기"인데 이걸 바탕으로 해서 독자분들이 각자 "나의 영어 학습기"를 마음에 품고 실천해 나갈 수 있기를 원합니다. 그리고 제2, 제3의 "아무개의 영어 학습기"도 만날 수 있기를 희망합니다. 대화와 나눔이 이 땅에서 '특별한 영어'를 '특별한 돈과 노력' 들이지 않고 익혀 나가는 첫길임을 말씀드리고 싶습니다.

먼저 제가 이야기보따리를 풀어 놓겠습니다. 책장을 덮으셨을 때 영어공부에 도움이 되는 영감을 하나라도 얻으시길 바라겠습니다. 많은 영감을 얻으시고 그 소식을 다시 들을 수 있기를 바랍니다. 책장을 넘기시는 손길에 행운이 가득하길 기원합니다.

　아울러 당신의 고단한 삶 속에서도 못난 아들놈이 배움의 끈을 놓아 버리지 않도록 끝까지 독려하시고 힘을 돋우어 주신 어머니께 이 이야기를 바칩니다. 그리고 부족한 초고를 보고 조언을 아끼지 않은 유경상, 김종일, 최승광, 김태원 님에게 감사인사 드립니다. 집필을 비롯한 생활 전반을 물심양면으로 도와주시는 가족 여러분과 책마루 대표 김영재 형에게도 깊은 감사의 말씀 드립니다. 남편의 책을 위해 자기의 이야기보따리를 풀어 놓으며 도움을 준 아내 이세경 씨에게도 사랑과 감사의 인사를 전합니다.

　벗님들이여, 부족한 지면에 못 다한 감사인사는 평생 우리가 나눌 따뜻한 밥 한 끼와 웃음으로 남겨 둡니다. 거듭 제가 만나 온 벗님들과 앞으로 만날 벗님들의 행운을 기원합니다.

2010년 여름

정대진

그 순간 영어가 내게 손짓했다

- 18 **치즈밥과 김치**
  잠깐! 영어상식 빵에 치즈를 바르다?
  해 보자, 영어공부! YES, WE CAN!
  눈과 머리로 먹는 영어단어

- 26 **웃자 웃자, AFKN**
  잠깐! 영어상식 드라마?
  해 보자, 영어공부! YES, WE CAN!
  영어 버라이어티 활용하기

- 32 **굿바이, 빤스!**
  잠깐! 영어상식 막역한 친구?
  해 보자, 영어공부! YES, WE CAN!
  스카이프와 페이스북

- 40 **컴퓨터와 알파벳**
  잠깐! 영어상식 compute?
  해 보자, 영어공부! YES, WE CAN!
  Ctrl+C와 Ctrl+V의 위대함

- 47 **흘려 쓰니 홀리더라**
  잠깐! 영어상식 만년필?
  해 보자, 영어공부! YES, WE CAN!
  한 문단 베껴 쓰기

영어와 동행, 중고등학교 시절 56

58 영어 전국 1등?
   잠깐! 영어상식 1등?
   해 보자, 영어공부! YES, WE CAN!
   Best의 필수조건, 문법Grammar!

66 뉴스페이퍼와 콩글리쉬
   잠깐! 영어상식 Home service? Delivery service?

70 마이마이는 내 친구
   잠깐! 영어상식 "소리 좀 높여주세요?"

77 누가 내 삽질을 보셨는가요?
   잠깐! 영어상식 "삽질하다"
   해 보자, 영어공부! YES, WE CAN!
   Ctrl+F의 위대함

84 꼬부라진다고 다 똑같은 혀가 아니다
   잠깐! 영어상식 지역마다 다른 자동차 번호판

89 헬로우 큰절
   잠깐! 영어상식 "괜찮습니다"

영어와 결별 그리고 다시 만남 대학교와 대학원 시절 96

98 턱걸이 영어
   잠깐! 영어상식 "간신히 해 내다"
   해 보자, 영어공부! YES, WE CAN!
   교양영어강좌 100% 활용하기

105 "헬로우 에브리보디"
    잠깐! 영어상식 "explore"
    해 보자, 영어공부! YES, WE CAN!
    호흡 바꾸기

113 고속버스를 타는 심정으로
    잠깐! 영어상식 "착잡하다"

그리고
나는
영어를
공부했다

영어공부
마음가짐과
120 준비

- 122 **no를 거꾸로 쓰면 on**
  질문 있습니다! 영어공부에 흥미가 잘 안 생겨서 걱정입니다 -_-;;
- 128 **'짧은' 영어, '긴' 국어**
  질문 있습니다! 영어 잘하려면 꼭 외국에 가야 하나요?
  해 보자, 영어공부! YES, WE CAN!
  트위터로 글로벌 감수성 기르기
- 136 **아는 만큼 이해한다**
  질문 있습니다! 외국인들끼리 하는 이야기를 잘 못 알아듣겠어요
  해 보자, 영어공부! YES, WE CAN!
  공짜 영어 행사장에 가 보자!

146 영어공부 몸가짐과 실천

148 스터디
질문 있습니다! 나한테 맞는 스터디를 어떻게 가려내죠?
해 보자, 영어공부! YES, WE CAN!
혼자 하는 스터디, 문장구역과 섀도우잉

160 어학원
질문 있습니다! 좋은 어학원 선생님은 어떤 기준으로 찾아야 할까요?
해 보자, 영어공부! YES, WE CAN!
가방 속의 영어스승, 영한대역문고

168 영자신문
질문 있습니다! 영자신문은 어떻게 읽는 게 좋을까요?
해 보자, 영어공부! YES, WE CAN!
영자신문 틈새활용법

181 영어방송
질문 있습니다! 영어뉴스나 드라마 중에 괜찮은 거는 뭐가 있을까요?
해 보자, 영어공부! YES, WE CAN!
MP3

193 시험영어
질문 있습니다! 나한테 필요한 공인영어시험은 어떤 게 있을까요?

203 국내파와 해외파에게 듣는다

215 덧붙이는 말

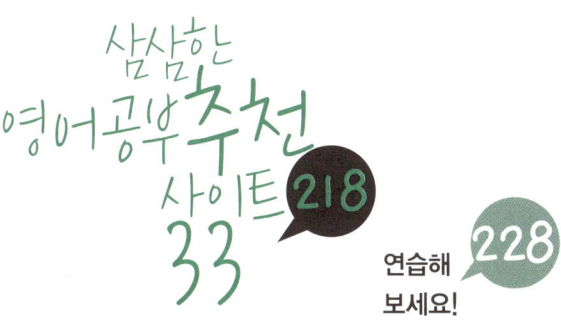

첫 번째

그 순간 영어가 내게 손짓했다

영어와 첫 만남 유아시절

치즈밥과 김치

영어공부가 지루할 때 놀 수 있을 만한
영어놀이의 관심 분야 하나쯤은 마련해 둡니다!
연예, 스포츠, 영화, 애니메이션, 음악 등등 그 어떤 것도
좋습니다.

여섯 살 때 처음으로 노란 밥을 먹었고 영어를 만났습니다.
낯선 맛이었고 낯선 말이었습니다. 초등학교 고학년이나 중학생이 되어 영어를 처음 배우는 평균 한국인에게 영어는 분명 익숙하지 않은 낯선 말입니다. 한국에서 나고 자란 저도 확실히 영어를 남의 나라 말로 여기고 있습니다. 어린 시절에는 금발의 파란 눈을 가진 서양인만이 영어를 사용한다고 믿었습니다.

제가 처음 만난 영어도 확실히 낯선 존재였습니다. 유치원에 다니던 시절이었습니다. 해외출장을 다녀온 외삼촌이 노르스름하고 시큼한 냄새가 나는 무엇인가를 선물로 집에 가져오셨습니다. 모양새가 마치 외할머니께서 어깨에 붙이시던 파스와 비슷했습니다. 삼촌은 몸에 붙여야 할 것 같은 그것을 밥에 얹으셨습니다.

잠시 후 노르스름한 그것은 흐물흐물 녹아 밥알에 스며들었습니다.

삼촌은 젓가락으로 밥과 그것을 섞었습니다. 삼촌 턱밑에 앉아 한 입 받아 먹었습니다. 당시까지 제 기억에는 없던 냄새와 맛이었습니다. 한국 젖소의 우유를 먹고 나서도 한참 있으면 나는 삭은 냄새도 그와 비슷했을 겁니다. 그런데 '어린 대장금'도 아닌 제가 그걸 당장 분별해 낼 수는 없었습니다. 그저 새로운 맛이었습니다.

그 후 삼촌이 가져다 준 치즈가 떨어질 때까지 치즈밥을 종종 해 먹었던 기억이 납니다. 시큼하면서 고소하기도 한 그 맛이 묘했습니다. 묘한 것은 그뿐만이 아니었습니다. 치즈 포장지에 박혀있는 글자도 제가 알던 문자와는 다른 것이었습니다. 포장지에 그려져 있는 소도 한국 우유팩이나 광고에 그려진 소와 다르게 생긴 것 같았습니다.

"이건 미국이라고 하는 나라에서 만든 거야."

어른들은 설명해 주셨습니다. 〈주말의 명화〉에 나오는 코가 높고 머리가 곱슬 거리는 사람들이 사는 나라에서 온 음식이었습니다. 성우 더빙을 하는 〈주말의 영화〉만 보던 저는 서양인들도 우리말을 하는 줄 알았습니다. 그런데 치즈 포장지에는 당시 제가 더듬더듬 배워 나가던 우리말인 한글과는 다른 글씨들이 새겨져 있었습니다.

"이건 미국 사람들이 쓰는 영어라는 말이야."

'아, 그렇구나.' 어린 저는 '세상에 다른 말들이 있구나'라는 생각을 했습니다. 이국적인 맛은 낯설었고, 이국적인 문자로 포장되어 있었습니다. 하지만 그때까지도 나중에 그 영어란 놈이 제 학창시절과 남은 인생에 지대한 영향을 끼칠 '엄청난 존재'라는 사실은 정말 까맣게 몰랐습니다.

그때 제게 영어는 곧 치즈밥이었고 먹다가 느끼해지면 김치를 먹고 해결할 수 있는 한 끼 식사 같은 것이었습니다. 만만한 밥 같던 놈이 내 삶을 이리도 쥐고 흔들지 정녕 몰랐습니다. 그래서인지 나중에 커서 영어공부가 막힐 때면 종종 치즈밥과 같이 먹던 김치가 생각났습니다. 영어공부가 막히면 이를 속 시원히 해결해 주는 김치 같은 비법이 어디 없을까, 라는 생각을 했습니다.

한국에서 영어공부를 하시는 분들 대부분도 저처럼 그런 김치 같은 시원함을 찾으실 겁니다. 혹시 김치를 잘 드시지 않는 분이라 하더라도 나름대로 밥맛을 돋우거나 입맛을 깔끔하게 해 주는 피클, 콜라, 사이다, 단무지 등등의 각자 선호하는 기호품이 있을 것입니다. 영어를 공부할 때는 그런 각자의 '김치'를 담가 놓으셔야 합니다.

영어라는 메인식사를 하다가 목이 메거나 밥맛이 떨어질 때 잠시 숟가락을 놓는 것도 한 방법입니다. 하지만 사람이 살려면 언젠가는 밥숟가락을 다시 들어야 하듯이 영어를 필요로 하는 분들이라면 언젠가는 영어공부를 또 시작해야만 합니다. 그 때 영어공부를 도울 만한 '반찬'을 마련해 두시는 게 필요합니다.

저 같은 경우는 별의별 사람 사는 이야기를 전하는 가십거리를 좋아합니다. 그래서 영어가 좀 지겨워진다 싶을 때면 헐리웃 스타나 외국 유명 인사들의 가십기사를 찾아보는 편입니다. 내용을 다 읽을 필요도 없습니다. 사진기사가 있다면 사진설명만 읽는 것으로도 족합니다. 누가 누구를 만나다 헤어지고, 누가 입은 양복이 얼마짜리고, 작년에 똑같은 양복을 누가 시상식장에 입고 나왔는데 비교되더라 하면서 두 장의 사진을 올려놓고 수다 떠는 잡스러운 이야기들을 읽곤 합니다. 골치 아프지도 않고 남의 뒷담화이기 때문에 그 어느 뉴스보다도 재미있고 끌리는 이야기들을 영어로 접합니다. 그러면서 다시 영어공부에 대한 입맛을 다십니다.

농구를 좋아하는 분이라면 NBA 뉴스를, 야구를 좋아하는 분이라면 메이저리그 소식을, 골프를 좋아하는 분이라면 PGA나 LPGA 기사를, 축구를 좋아하는 분이라면 프리미어 리그 뒷이야기를, 해외 스타를 좋아하신다면 매일같이 넘쳐나는 그들의 'X파일'을 자신만의 '김치'로 삼아볼 만합니다.

밥과 빵은 똑같이 탄수화물 덩어리입니다. 하지만 한국에서 빵만 먹으며 탄수화물을 섭취하겠다고 하는 일은 생활문화상 어려운 면이 있습니다. 때로는 밥을 먹어야만 하는 식사자리도 생기기 마련입니다. 마찬가지로 한국에서 영어공부를 할 때도 너무 온전하고 순수한 순도 100% 고난도 영어공부만 고집하지 마십시오. 쌀밥에 치즈 얹어 먹듯이 이것저것 섞어가며 공부할 필요가 있습니다. 그러면서 가끔 김치도 먹어 가며 하루 세 끼 밥 먹듯이 거르지 말고 꾸준히 하셨으면 합니다. 밥숟가락 놓으면 사람 목숨은 다합니다.

빵에 치즈를 바르다?

치즈나 버터는 쌀밥보다는 빵에 발라 먹는 게 보통입니다. '빵에 치즈를 발라 먹다'를 영어로 어떻게 말하면 될까요? 치즈나 버터를 빵에 얹어 먹는 것과 비슷하니 'put cheese(butter) on bread'라고 하면 그럴듯해 보입니다. 하지만 단순히 얹어 먹는 게 아니라 얇게 발라 먹는 것이니 정확한 표현이 필요합니다. 이 때 쓰이는 단어가 'spread'입니다. '얇게 바르다'는 뜻이죠. 치즈나 버터를 빵에 발라 먹을 때는 'spread cheese(butter) on bread'입니다.

눈과 머리로 먹는 영어단어

영어공부는 해야 하는데 시간도 없고 방법도 모르겠다고요? 그럼 일단 모든 일상을 영어와 연결시켜 보는 연습부터 해 보십시오.

'이건 영어로 뭘까?' 라는 아주 어린아이 같은 질문을 스스로에게 자주 던지십시오. 한국에서만 밥 먹고 자란 놈이 통역장교가 되겠다고 한창 영어공부에 집중했을 때 저는 밥상머리에서 반찬 이름들을 영어로 뭐라고 하는지 하나하나 생각해 본 적이 많았습니다.

'밥은 그냥 rice로 해도 되겠고, 김치는 뭐 일단 kimchi, 시금치는… spinach, 햄은 ham, 참치는 tuna, 된장찌개는…bean paste soup 정도면 되겠군. 그럼 계란 프라이는 egg fried? 뭐 좀 아닌 것 같은데?'

그래서 찾아보니 계란 프라이는 fried eggs라는 조리명으로 분류되어 있었습니다. 일반적인 '형용사+명사'의 형태를 따라 'fried프라이된 eggs계란'로 쓰는 게 맞았습니다. 그런데 거기서 끝나는 게 아니었습니다. sunny-side up이라고 해서 노른자가 익지 않고 동그랗게 살아 있도록 한쪽만 익힌 프라이를 가리키는 표현도 있고, 그걸 뒤집어서 양쪽 다 익힌 걸 turn over, 그 뒤집은 상태에서 노른자까지 푹 익힌 걸 over easy라고 하는 표현까지 줄줄이 딸려왔습니다.

영어공부하는 시간을 따로 만들지 못해 스트레스 받고 계십니까? 이제 밥 먹을 때 음식 이름이라도 하나하나 건지는 시도부터 해보십시오. 요즘 핸드폰에 다들 전자사전 기능이 있으니 문자를 보듯이 몇

번만 두드려 보십시오. 그렇게 단어를
하루 한 두 개라도 건지면 6개월, 1년 뒤
어느 시점에라도 외국인과 식사 하다가
우리나라 음식을 소개하는 데 큰 무리가
없을 겁니다. 살아 있는 영어회화가 되
는 거죠!

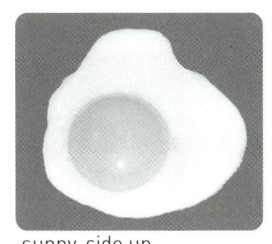
sunny-side up

  해군통역관 시절 한국과 미국 장교 간 만찬장에, 갑자기 예정에 없던 홍어와 전복이 나온 적이 있습니다. 통역장교 준비 시절 음식이름을 더듬다가 **skate**홍어와 **abalone**전복이라는 단어를 본 적이 있어 무사히 통역을 했습니다. 만약 밥상머리에서의 잠깐 영어공부가 없었다면 진땀을 빼며 홍어를 '**red fish**' '홍어'를 일자무식 글자 그대로 풀어 내는 대실수로, 전복을 '**special shellfish in Jeju Island**' 제주도의 특별한 조개라는 엉터리 말을 지어내며 통역하느라 혼났을 겁니다.

  꼭 책상 앞에 정자세로 앉아서 하는 것만 영어공부라고 생각하지 마십시오. 일상을 영어로 도배하시고 밥상머리에서도 영어단어를 가볍게 하나씩 확인해 보십시오. 입으로만 먹는 식사가 아닌 눈과 머리로도 먹는 영어 식사를 한번 겸해 보시기 바랍니다. 매일 두어 번 이상은 하실 수 있는 아주 간단한 방법입니다.

- 일상 속 영어공부의 첫걸음, "이건 영어로 뭐지?"라고 스스로에게 질문 던지기.
- 거창한 공부보다도 일단 매일 대하는 밥상 앞에서부터 시작합니다.
- 반찬이나 조리법을 영어로 표현하는 걸 생각하며 주머니 속 핸드폰 전자사전을 찾아봅니다.
- 매일 밥을 먹으면서 한두 단어라도 계속 건질 수 있는 일상의 살아 있는 공부법입니다.

굿바이, 빤스!

영어와 첫 악수, 초등학교 시절

웃자 웃자, AFKN

영어방송 채널에 늘 귀를 열어 두고
온 몸을 맡기십시오. 일단 리듬과 분위기에
최대한 익숙해져야 합니다.
오늘 꼭 못 알아듣더라도 언젠가 알아듣는 날이 옵니다!

한글도 모르던 까막눈 어린 시절의 이야기입니다. 오후 다섯 시쯤이 되면 텔레비전에서 만화영화가 방송됩니다. 광고가 끝나고 그날 방송되는 만화영화의 첫 장면이 나오면 전 비명에 가까운 외마디 소리를 지릅니다.

"누나~~~~~~~~~~~~~~~~~~!"

초등학생과 중학생이던 두 누나 중 먼저 듣는 사람이 안방으로 달려옵니다. 누나는 문을 열면서 텔레비전 화면을 동시에 살핍니다. 전 그 입을 뚫어져라 쳐다봅니다.

"앗, 미안해!"

만화영화 첫 장면에 나오는 그날 방송분의 제목을 놓친 날 누나의 입에서 나오는 말입니다. 전 실망해서 징징대다가 만화영화를 다시 보기 시작합니다.

유치원에 가고 초등학교에 들어가 한글을 깨우치면서 더 이상 누나들을 불러 그날의 만화영화 에피소드 제목을 들어야 하는 일은 없어졌습니다. 말귀로만 알아듣던 만화영화 내용을 이제 글귀로도 파악하게 되니 집에 있는 저녁시간이 즐거웠습니다. 그런데 말귀도, 글귀도 전혀 통하지 않는 방송이 하나 있었습니다.

바로 AFKN이었습니다. 지금은 AFN Korea라고 해서 명칭이 조금 바뀌었습니다. 제가 어렸을 적에는 **Korea**의 **K**를 가운데 넣어서 **AFKN**이라고 불렀습니다. 당시 채널2에서 방송을 했습니다. 종일방송이어서 낮 시간을 때우기 좋았습니다.

지금처럼 공중파도 종일방송을 하고 다양한 케이블 채널이 있는 시절이라면 굳이 AFKN을 틀어볼 일이 없었겠죠. 하지만 80년대 초반 낮 시간에 집에서 시간을 죽이는 날이면 볼거리가 없었습니다. 손으로 채널을 돌려서 맞추는 아날로그 텔레비전은 가끔씩 AFKN 전파를 잘 잡지 못해서 '지직' 거리기도 했지만 상관없었습니다. 달리 할 게 없었으니 대충 영상만 나와도 신났습니다. 그리고 채널2번을 보고 있으면서 사실 답답하다는 느낌도 별로 없었습니다.

사람이 말귀가 트이는데 그걸 표현하는 글자를 모르면 답답함을 느끼게 됩니다. 그런데 영어에 대한 말귀도, 글귀도 전혀 트이지 않은 상태에서 미국 방송을 접하니 아예 상관없는 일처럼 여겨졌습니다. 그냥 사람들의 활동사진을 보고 애니메이션 분위기를 따라가며 그림만 즐겨도 만족이었습니다. 그러다가 눈으로만 보기에는 심심해서 한 가지 시작한 일이 있었습니다. 따라서 웃기였습니다.

시트콤이나 토크쇼를 방송할 때 사람들의 웃음소리가 터져 나오는 대목들이 있습니다. 그런 대목들이 나올 때면 저도 소리 내서 뒹굴

거리며 웃었습니다. 웃기 놀이였습니다. 집에 가까이 살던 사촌동생들이 놀러 오면 같이 뒹굴었습니다. 어느 날 저희들의 모습을 보시던 외할머니도 하도 기가 차신지 헛웃음을 지으셨습니다.

어린 아이들이니 아무 생각 없이 할 수 있는 놀이라고 여기실 수 있습니다. 그런데 가만히 생각해 보면 영어의 분위기를 익히는 데 그만큼 좋은 놀이도 없었던 것 같습니다. 따라 웃기 위해 집중하고, 반복해서 웃음 터지는 타이밍들을 경험하다 보니 이 때쯤이면 웃는 대목이다 느껴지는 감도 조금씩 생겼습니다. 이 따라 웃기 놀이를 초등학교 내내 계속했습니다. 간단한 인사 외에는 제대로 할 줄 알고 들리는 것도 없는 영어를 붙들고 계속 놀았습니다.

직접적으로 영어지식이 늘어나거나 공부를 한 경험은 분명 아닙니다. 그러나 영어를 그냥 놀이처럼 만만하게 접하다가 생긴 '감' sense 이라는 열매는 참 소중했습니다. 통역관 일을 했다고는 하지만 전 아직 미국인들이 농담하는 걸 잘 못 알아들을 때가 많습니다. 미국 본토에서 단 하루도 살아 본 적이 없으니 그들의 슬랭 slang 이나 문화를 완벽히 이해한다고는 자신할 수 없습니다. 하지만 영어로 업무를 하고 인간관계를 맺어 나가려면 대화에서 빠질 수는 없습니다.

적당히 웃어 주고, 적당히 찡그려 주며 반응을 주고받아야 합니다. 100% 이해하지는 못했다 하더라도 전반적인 대화의 흐름을 놓치지 않고 같이 '빵' 터져 줄 필요가 있습니다. 영어가 모국어가 아닌 이상 신경을 곤두세우며 듣고 따라가야 적절한 반응을 줄 수 있습니다. 어렸을 적에 몇 년 동안 AFKN 보고 따라 웃기 놀이를 한 연습 덕에 대화의 큰 흐름과 분위기를 놓치는 일은 그다지 없다고 생각합니다. 기회가 된다면 무조건 따라 웃거나 찡그려 가며 영어의 분위기를 익혀 나가는 게 필요합니다.

　아직 영어가 답답하고 별로 들리는 것도 없으십니까? 예비운동 삼아 오늘밤 아무 영어방송 채널을 틀어놓고 혼자 '빵' 터져 보십시오. 하다보면 언젠간 입도 귀도 '빵' 터질 날이 올 겁니다.

드라마?

처음 만난 외국인과 이야기를 틀 때 텔레비전을 소재로 하면 쉽게 대화가 풀려나가는 경우가 많습니다. 특히 둘 다 본 경험이 있는 외국 드라마를 이야기하면 대화는 더욱 쉽게 풀려 가겠죠. 그런데 드라마를 말 그대로 **drama**로 이야기하면 원어민이 못 알아들을 때가 많습니다. 우리가 보통 이야기하는 연속극 드라마는 '**drama**'가 아니라 '**soap opera**' 입니다. 예전에 텔레비전이나 라디오 연속극이 처음 도입되던 시절에 비누soap회사가 주로 스폰서를 해서 생긴 단어입니다.

영어 버라이어티 활용하기

영어공부할 때도 편식을 하다 보면 영양의 불균형이 생깁니다. 저 같은 경우, 글로만 배운 영어에다가 정치나 외교, 사회 분야 등에 국한해서 영어공부를 한 편이었습니다. 상대적으로 가벼운 회화나 일상적인 관용어에 대해서는 관심이 덜했습니다. 그래서 지금도 외국인 친구들과는 빠르고 수다스럽게 대화를 잘 하지는 못합니다.

반면에 제 주변에 있는 교포 출신 친구 중에는 수다스럽게 영어로 대화는 잘 하면서도 뉴스나 다소 딱딱한 문어체 영어에 약한 모습을 보이는 경우도 있습니다. 원어민 환경에 살면서 구어체와 일상 영어 문화에는 익숙해졌지만 문어체에는 적응이 덜 된 경우입니다.

이런 영양의 불균형을 해소하기 위해서는 비빔밥을 먹어야 합니다. 문어체 혹은 구어체, 시트콤 혹은 뉴스 중 어느 한 곳에서만 치중할 게 아니라 골고루 영어의 맛을 봐야 합니다. 그걸 한 손 안에서 해결할 수 있는 다이제스트 북이 바로 〈AFN영어〉라고 생각합니다.

매달 시사외국어사에서 나오는 월간지인데 이 안에 뉴스와 시사영어, 영화와 드라마, 인터뷰 영어 등이 총망라되어 있습니다. 매일매일 여기저

대표적인 영어 버라이어티
〈AFN 영어〉

기 인터넷을 뒤지며 뉴스 한 꼭지, 영화 한 장면, 연설문 한 마디, 소설 한 장을 찾아다니기 힘드시다면 매달 이 책 한 권이라도 꼼꼼히 보는 것도 좋으리라 생각합니다.

웬만한 기본실력만 있으면 특별히 부교재나 사전 없이, 혼자서도 충분히 공부할 수 있도록 구성이 되어 있는 장점이 있습니다. 그리고 매달 AFN 일정대로 음성파일을 다운받아 따라가면 되기 때문에 조금만 부지런하면 느슨해지지 않고 균형 잡힌 영어공부를 할 수 있습니다.

제가 아는 범위 내에서는 추천할 만한 영어 학습 버라이어티가 〈AFN영어〉이지 다른 더 좋은 교재가 있을 수 있습니다. 알고 계신 게 있다면 그걸 취해서 영양의 불균형을 해소해 나가시는 것도 좋습니다. 그리고 그런 게 있다면 인터넷 등으로 널리 알리셔서 다른 이들에게도 도움이 되도록 해 주십시오.

- 〈AFN 영어〉 혹은 〈굿모닝팝스〉 등 자신에게 맞는 영어 학습 월간지를 구독합니다.
- 영어기사나 칼럼, 영화와 드라마 영어까지 한 권에서 다루는 구어체와 문어체 영어의 버라이어티를 버스나 지하철에서 혹은 잠들기 전에 최대한 자주 맛봅니다.
- 이것저것 영어 학습 텍스트나 음성파일을 고르기 힘들다면 매달 정리되어 나오는 영어학습 월간지를 통해 영어 버라이어티를 맛보는 것도 한 방법입니다.

굿바이, 빤스!

영어공부를 할 때 종이 위에 쓰기만 하는
죽은 문자놀음에만 매달리지 마십시오.
유치해 보여도 영어발음을 가지고 장난치듯이
계속 놀아 보십시오. 일단 영어와 친해져야 합니다.

초등학교 시절에는 사실 학교를 왜 가야 하는지도 모르고 다닙니다. 부모님이 가라고 하시고, 학교를 가지 않는다 해도 달리 어울려 놀 친구들도 없으니 아침마다 학교를 갑니다. 저도 마찬가지였습니다.

주번이 받아 온 우유급식을 '출근' 하자마자 하나 털어 먹고, 교내 명상의 시간이나 한자쓰기 자습을 하며 꾸역꾸역 하루를 시작했습니다. 내가 생각해서 계획하고 실천하는 공부를 하는 게 아니었습니다. 선생님이 가르쳐 주시는 대로 받아쓰고, 외우고, 시험 보고, 야단맞고 다시 시작하는 게 하루의 전부였습니다.

저의 공식적인 영어공부도 그렇게 시작됐습니다. 4학년이 되던 해부터 학교에서 아침마다 교내 방송으로 영어 학습 비디오를 보여 주었습니다. 그 영어 학습 비디오를 아침마다 보며 따라하던 게 영어공부의 출발이었습니다. 시청각 교육의 중요성이 강조되면서 각 반마다 TV 수상기가 보급되던 시기였습니다.

마침 그해는 '88서울올림픽이 열리던 해였습니다. 그해 초부터 전 국민은 외국 손님을 맞을 준비를 본격적으로 하고 있었습니다. 초등학교가 아직 '국민학교'로 불리던 시절이었습니다. 어린 학생들도 '국민'이기에 이 준비대열에서 예외일 수는 없었습니다. 동네에 외국 손님이 오면 반갑게 "Hi"를 외치고 "Welcome to Korea"를 말해야만 하는 분위기였습니다.

그 말 한마디를 할 수 있기 위해 아침마다 우리는 뻐꾸기처럼 비디오를 따라 조잘대며 수십 번씩 반복연습을 했습니다.

"Good morning, Good afternoon, Good evening"

서양인들이 왜 아침인사, 낮 인사, 저녁인사를 다르게 하는지 알 수 없었지만 무조건 외우라니 외울 수밖에 없었습니다. 친구들 사이에서는 만약 동네에서 11시 59분에 외국인을 만나면 "굿모닝"으로 인사를 해야 할지, "굿 애프터눈"으로 인사를 해야 할지를 놓고 옥신각신 말다툼이 나기도 했습니다. 전 이야기했습니다.

"점심밥 먹기 전에 만났으면 굿모닝 해야 되는 거 아니야?"

사람은 밥이 중요하니 점심밥 먹기 전이면 아직 오전이라고 생각했습니다. 한 친구가 되받았습니다.

"야, 11시 반에 일찍 점심 먹는 날은 어떻게 해? 12시도 안 됐는데 굿애프터눈 하냐?"

소란스럽던 말다툼은 결국 아무 때나 무조건 "Hi"로 하자는 반장 친구의 제안으로 마무리되었습니다. 어른들의 눈으로 보자면 아주 소란스럽고 하나 마나 한 '토론'이지만 어린 저희들은 나름 진지했습니다. 외국인을 맞아 친절을 베풀지 못하면 죄를 짓는 것인 양 생각했습니다.

그런데 그런 진지함으로도 풀리지 않는 문제가 하나 있었습니다. 바로 영어회화 비디오테이프 말미에 외국인 진행자가 늘 하는 한마디였습니다.

"굿바이, 빤스!"

한 일주일을 들어도 늘 "굿바이, 빤스!"였습니다. '빤스'라는 어감에 우리는 킥킥대며 웃었습니다.

"그런데 왜 끝에 꼭 빤스라고 하냐?"

"친한 사람들한테는 빤스라고 하나 보지. 팬티처럼 달라붙어 지내는 가까운 친구들을 빤스라고 하는 거 아니야? 잘 가라, 굿바이, 빤스!"

저희는 친구들끼리 낄낄대며 학교 정문 앞에서 "굿바이, 빤스!"를 외치며 헤어지곤 했습니다. 선생님께 '빤스'가 뭐냐고 속 시원히 물어볼 수도 있었지만 누구도 용감하게 물어보지는 않았습니다. 80년대까지만 해도 어린 아이가 어른에게 '빤스'와 같은 단어를 입에 올리며 질문을 하는 건 삼가는 분위기가 강했기 때문입니다.

결국 저희는 저희끼리 한동안 "굿바이, 빤스!"를 외치며 헤어졌습니다. 입에 착착 달라붙는 인사였고 영어로 말하는 게 아주 신나고 재미있는 일만 같았습니다. 몇 해가 지난 후 복수형에 '-s'를 붙여 발음한다는 걸 배운 후에 저는 '빤스'의 해답을 얻을 수 있었습니다.

"굿바이, 빤스!"는 바로 "굿바이, 프렌즈!"였습니다. '프렌즈 friends'를 빠르고 강하게 발음하다보면 '프렌즈→퓃즈→뺀즈' 정도로 들리게 됩니다. 그 당시 영어 비디오테이프에 나오던 원어민은 빠르고 강하게 "굿바이, 퀜즈!"Goodbye, friends!이라고 인사한 것이었습니다. 영어지식이 전무하던 저희들은 그 '퀜즈'를 '빤스'로 듣고 낄낄댄 것입니다. '퀜즈'와 비슷한 발음이 나는 단어를 아는 게 '빤스'정도밖에 없으니 당연한 결과였습니다.

이건 외국인들도 비슷하게 겪는 현상입니다. 제가 알고 지내던 한 프랑스인 친구는 2002년 월드컵의 우리나라 응원가 "오! 필승 코리아~"를 알고 있었습니다. 그런데 그 친구는 '필승'을 '피스'peace로 이해하고 있었습니다. 자기가 알고 있는 개념이나 어휘의 틀에서 가장 발음이 비슷한 대로 나름대로 해석해서 의미부여를 하고 있었습니다. 어린 시절 저와 제 친구들도 똑같은 일을 했던 것입니다. '프렌즈'friends를 '빤스'로 잘못 알아들었지만 그 뜻은 '팬티처럼 달라붙어 지내는 친한 친구'라고 엇비슷하게 풀어낸 셈입니다.

요즘도 영자신문이나 원서를 읽다가 모르는 단어나 표현이 나오면 이 때의 생각이 종종 납니다. 지금은 바로 사전을 들춰 보고 제대로 뜻을 파악해 열댓 번씩 써 가며 외우는 게 일반적입니다. 하지만 '빤스'처럼 반짝 연상되는 개념을 짝지어 외우는 것만큼 효과적이지는 않습니다.

'프렌즈'와 '빤스'는 전혀 다른 개념입니다. 그러나 초등학교 때 비롯된 제 주관적인 경험상 저에게는 더 이상 전혀 다른 개념이 아닙니다. 새로운 단어나 표현을 접했을 때 발음의 유사성이나 자신의 경험에서 길어 올린 기억으로 포장해 보십시오. 머릿속에 오래도록, 멋지게 간직할 수 있습니다.

영어공부도 종이 위에 쓰는 죽은 문자놀음에만 매달리지 않고 가끔씩은 휘파람 불며 "굿바이, 빤스!"건 뭐건 아무렇게나 지껄이며 노는 어린 아이 같은 천진난만함으로 해 볼 필요가 있습니다. 어차피 남의 나라 말은 어린 아이 같은 백지상태에서 배워 나가는 것이니까요.

　서울올림픽이 열렸던 그해, 결국은 동네에서 외국인을 마주치지는 않았습니다. "하이"를 외칠 일도 없었고, 외국인 친구에게 "굿바이, 빤스!"를 해 주고 싶었지만 기회가 없었습니다. 기회는 없었지만 그 후로도 저와 친구들은 되도 않는 영어로 웃긴 발음을 골라 떠들며 놀았습니다. 지금 영어로 말할 기회가 없어도 재미있는 영어발음만이라도 놓고 천진난만하게 영어로 장난쳐 보십시오. 하루, 이틀, 삼일, 사일 계속 놀아 보십시오. 언젠가는 외국인과도 영어로 장난치며 대화할 수 있는 날이 올지도 모릅니다.

막역한 친구?

막역한 친구는 영어로 뭐라고 하면 좋을까요? 오래된 친구라는 의미를 살려 'old friend'라고 할 수도 있습니다. 그런데 친하다는 느낌이 살아나지 않는 것 같아 더 살을 붙이고 싶습니다. 'good old friend' 오래된 좋은 친구. 의미는 통하죠. 하지만 'bosom buddy'라고 한마디 해 주면 원어민들은 더 쉽게 알아들을 겁니다. '가슴'을 뜻하는 'bosom'에는 '친하다'는 의미도 있습니다. 이 의미를 살려 'bosom buddy(friend)'라고 하시면 됩니다. 또는 '굳게 맹세한 친구'라는 의미로 'sworn friend'라고도 할 수 있습니다.

스카이프Skype와 페이스북Facebook

인터넷 시대입니다. 서울올림픽이 열릴 때처럼 외국인이 오기만을 기다리던 시절이 아닙니다. 컴퓨터나 스마트폰만 있으면 지구 반대편에 얼마든지 친구를 만들 수 있는 세상입니다. 인터넷 전화나 채팅창만 열면 당장이라도 영어를 연습하고 써 먹을 수 있습니다.

인터넷 전화도 여러 가지가 있지만 외국인들도 많이 쓰는 스카이프 www.skype.com에 가면 심심치 않은 시간을 보낼 수 있습니다. 때로는 한국인들끼리도 영어대화방을 열어 놓고 열심히 영어연습을 하기도 합니다. 영어회화 학원에 다니는 동선과 시간이 도저히 안 나오는 경우에 활용해 볼 만한 방법입니다. 가끔씩 스팸성 메시지나 쓸데없이 말을 걸어오는 외국인들이 있어서 귀찮을 때도 있지만 돈 절약, 시간 절약과 더불어 회화연습에는 꽤 괜찮은 방법입니다.

저는 해군 통역관 시절 살던 진해 옥탑방에서 종종 스카이프를 활

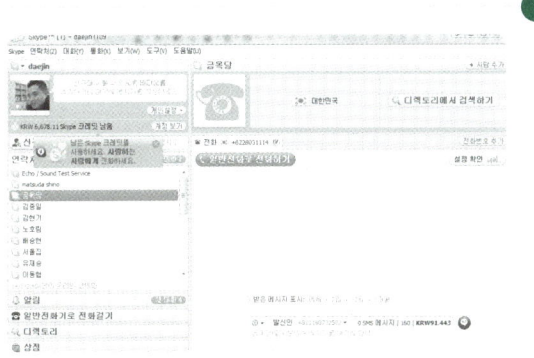

세계적인 인터넷 전화 스카이프

용했습니다. 한반도의 남쪽 바닷가 시골마을에서 유럽이나 아메리카 대륙의 누군가에게 말을 걸고 그곳 소식을 듣는 게 가족과 친구들을 떠나서 하는 외로운 군 생활의 한 가지 낙이기도 했습니다.

페이스북www.facebook.com도 마찬가지입니다. 싸이월드와 비슷한 개인 미니 홈페이지입니다. 외국인들도 보편적으로 많이 쓰기에 외국인 친구를 만들어 영어로 안부도 묻고 메모를 주고받으며 영어사용 빈도

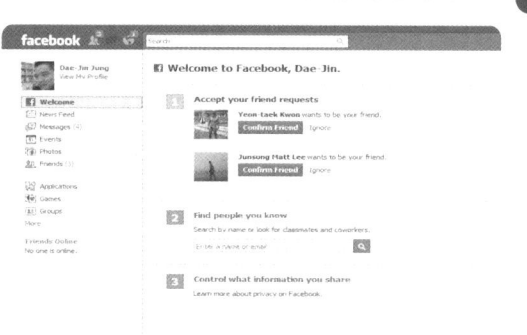

외국인이 많이 이용하는 인터넷 네트워크 페이스북

수를 높일 수 있습니다.

회사나 도서관, 카페에서도 조용히 영어를 활용할 수 있는 실제상황을 전개할 수 있습니다. 특히 내 친구의 친구로 가지를 치면서, 전혀 예상치 못한 곳에서 내 지인들끼리 서로 아는 사이라는 걸 발견하는 독특한 재미도 있습니다. 어느 정도 영어실력이 돼야 할 수 있는 거 아니냐고요? 물론 그렇습닷. 그러나 '눈팅'이라도 하고, 자꾸 따라 붙고, 익숙해져야 영어도 더욱 친해집니다.

홍대나 이태원까지 가서 외국인 지나가기만을 기다렸다가 "Excuse me, where are you from?"실례합니다. 어디서 오셨습니까?라고 취조하듯이, 질문공세로 덤벼들지 마십시오. 시절이 많이 좋아져서 스카이프나 페이스북으로 한국에 사는 외국인을 미리 접촉해서 기분 좋게 약속 잡고 오래된 친구처럼 만남을 가질 수도 있습니다. 블로그나 메일 체크하는 시간만 살짝 나누어 조정하면 잠깐이라도 아주 손쉽게 활용할 수 있는 영어공부가 여러분의 컴퓨터 앞에 펼쳐져 있습니다

- 영어회화 학원을 다닐 시간도 없고, 연습할 기회도 도대체 없다고요?
- 스카이프나 페이스북 같은 인터넷 커뮤니티에서 당장 가입하십시오!
- 그리고 인연이 닿는 대로 "Hi, this is ○○○!"이라고 방명록을 남기거나 말을 걸면서 영어회화생활을 시작하십시오.
- 이것마저도 귀찮아하면서 영어회화를 유창하게 하는 자기 모습만 상상하고 계십니까? 그러면 영어한테 지는 겁니다! 지금 당장 컴퓨터를 켜십시오!

컴퓨터와 알파벳

영어는 천천히 즐기면서 시작하십시오.
흥미가 없으면 뒤따라오는 고통스런 영어공부를
못 견딥니다!

제 성은 정鄭입니다. 제 이름을 처음 배울 때 'ㅈ'과 'ㅓ'가 합쳐져서 '저'가 되고 여기어 받침으로 'ㅇ'이 붙어 '정'으로 거듭나는 한글의 원리를 어떻게 깨우쳤는지는 기억나지 않습니다. 하지만 영어 알파벳의 발음원리를 깨우쳐 가던 순간은 기억이 납니다.

초등학교 3학년 무렵이었습니다. 동네 컴퓨터 학원에 다니기 시작했습니다. 80년대 후반의 일입니다. 요즘 나오는 작고 세련된 컴퓨터

과거에 많이 쓰던 배불뚝이 컴퓨터

와는 개념이 다른 컴퓨터가 있던 시절이었습니다. 도스Dos 운영체제로 컴퓨터를 작동했고 복잡한 명령어와 프로그램으로 컴퓨터를 운영했습니다.

그 당시 제가 배우던 컴퓨터의 내용은 프로그래밍 언어였는데 모두 영어로 되어 있었습니다. BASIC이나 C+, COBOL 등등의 프로그래밍 언어를 짜는 데 기본적인 영어지식이 필요했습니다. DELETE나 IF 정도는 알고 있어야 했습니다. 처음에는 그게 뭔 뜻인지도 몰랐지만 어쨌든 꼬부랑글씨를 어떻게 쓰느냐에 따라 컴퓨터 화면에 나타나는 그림들이 달라졌습니다. 어린 저의 눈에는 신기하고 폼 나는 일이었습니다.

컴퓨터 선생님은 필요한 영어 명령어의 간단한 의미 설명만 하고 BASIC부터 차근차근 프로그래밍 언어를 가르쳐 나갔습니다. BASIC을 떼면 순차적으로 더 복잡한 언어를 배워 나갔습니다. 그러다 보니 자연스럽게 알아야 할 영어 명령어와 단어들도 늘어 갔습니다. 공식적으로 영어를 배우기도 전에 컴퓨터의 영어 명령어를 배우다 보니 어느새 영어를 자연스럽게 익힐 수 있었습니다.

BASIC을 "베이직"이라고 발음하는 걸 배운 날 집에서 연습장을 펼쳤습니다. '**B-A-S-I-C**' 이라는 영어 알파벳 하나하나와 'ㅂ ㅔ ㅇ ㅣ ㅈ ㅣ ㄱ' 이라는 한글을 하나하나를 써 놓고 대칭 시켜 보면서 영어발음탐구생활을 시작했습니다. '**D-E-L-E-T-E**' 를 'ㄷ ㅣ ㄹ ㅣ ㅅ ㅌ ㅡ' 에 대칭 시켜 보기도 하고, '**I-F**' 도 'ㅇ ㅣ ㅍ ㅡ' 로 대칭시켜 보기도 했습니다. 그러면서 다른 단어에서도 **B**는 ㅂ발음이, **D**는 ㄷ발음이, **E**와 **I**는 ㅣ발음이 난다는 걸 차차 알아 갔습니다.

그런데 "**E-N-T-E-R**"는 "ㅇ ㅔ ㄴ ㅌ ㅓ"로 발음이 났습니다. **E**는

ㅣ로 발음이 나야 하는데 ㅔ로 나는 것이었습니다. 헷갈리기 시작했습니다. 그렇지만 차차 프로그래밍 언어를 배우며 알파벳과 한글을 대칭시키는 경우의 수가 많아지면서 때에 따라 E가 ㅔ 혹은 ㅣ로 발음된다는 걸 알게 되었습니다. "그때그때 달라요"를 체험했습니다.

발음기호를 익히지 않았지만 그때그때 다른 영어단어의 발음을 알아 가면서 알파벳이 가지는 기본적인 소리의 범위를 익힐 수 있었습니다. A는 ㅏ 혹은 ㅓ, E는 ㅔ 혹은 ㅣ로 소리날 수 있다는 식의 기본적인 발음원칙을 깨우 칠 수 있었습니다. 그렇게 몇 달이 지나면서 처음 보는 영어 명령어라도 더듬더듬 발음을 해 나갈 수 있었습니다.

지금은 컴퓨터 프로그래밍 언어를 써 본지가 하도 오래 돼서 하나도 기억나지 않습니다. 배우라는 컴퓨터는 정작 다 까먹고 영어 알파벳과 한글을 비교하던 기억만 납니다. 하지만 영어 자체에 스트레스를 받지 않고, 영어를 그냥 수단으로 생각하면서 한글과 비교하며 가지고 놀던 경험은 무의식적으로라도 영어와 매우 친숙해질 수 있었던 좋은 경험이었습니다. 크면서 무수하게 들었던 "영어를 수단으로 생각하며 즐기라"는 말과 일맥상통하는 경험이었습니다.

하지만 현실은 다르지요. 이번 달 말에 당장 급하게 영어시험을 봐야 하는 성인이나 중고등학생이라면 시간관계상 이 경험칙의 원리를 따르기는 힘들 것입니다. 다만 아직 어린 아이라면 영어도 경험칙으로 조금씩 알아 가는 여유를 가지도록 해 주는 것도 좋지 않을까 싶습니다. 교육학적으로 검증된 결과는 아닙니다만 발음기호로 영어발음을 익히기 전에 컴퓨터 학원에서 엉뚱하게 영어발음을 깨우친 제 사례도 있지 않습니까.

인터넷 게임을 하다가 어느 날 아이가 영어발음의 원리를 스스로 깨우칠 수도 있는 일입니다. 이후에 고통스러운 학습과 암기가 수반되기는 해야겠지만, 흥미가 없이 시작한 일은 더욱 고통스러울 수 있습니다. 고로 처음 시작은 자연스럽고 흥미로워야 합니다. 진부한 말 같지만 "재미있게 놀이처럼 하자"는 말이 계속 회자되는 이유를 생각해 보십시오. 여러 사람의 경험칙이 증명하는 진리가 아니겠습니까?

영어 잡으려다 사람 잡지 마시고 천천히 즐기면서 시작하십시오. 영어를 새로 시작하시는 분들이라면 특히 스스로에게 여유를 주십시오. 그리고 자녀의 영어를 걱정하시는 분들이라면 여유로운 시작을 그들에게도 허락해 주십시오.

compute?

흔히 쓰는 영어단어도 다시 뜯어 보십시오. computer를 뜯어 볼까요? 흔히 동사에 -er이나 -or을 붙여 그 동사의 역할을 하는 사람이나 기계를 뜻할 때가 많죠. '운전하다 drive'에다가 -er을 붙여 '운전기사 driver'로, '연기하다 act'에다가 -or을 붙여 '배우 actor'로 씁니다. 그럼 computer는 어떨까요? compute라는 단어에 -er을 붙인 건 아닐까요? 사전을 찾아보세요. 'compute'라는 단어가 있습니다. 그 뜻은 '계산하다'이고요. 실제 생활에서도 "I computed the distance at one kilometer"한 1킬로미터인 것 같아라는 식으로 쓸 수 있습니다. "I think that the distance is about one kilometer"라는 문장보다는 간결해 보이는군요.

Ctrl+C와 Ctrl+V의 위대함

컴퓨터는 영어공부에도 혁명적인 변화를 가져온 수단임을 부인할 수 없습니다. 종이사전을 씹어 먹으며 영어완전정복의 길을 헤매던 '조상' 들에 비하면 우리는 엄청난 신세계에 살고 있습니다.

기가 막히는 영어 학습기를 구하려고 너무 애쓰지 마십시오. 각자 가지고 있는 컴퓨터만 잘 활용해도 영어공부의 지평은 무한히 넓어질 수 있습니다.

예컨대 한컴사전이나 인터넷 포탈사이트 사전검색에 compute란 단어를 입력해 보십시오. '계산하다' 등의 뜻이 나옵니다. 그럼 이제 반대로 '계산하다' 를 검색해서 영어단어를 찾아보십시오. '계산하다' 의 뜻으로 'calculate, compute, reckon, count, figure, sum,

Main Entry:	compute
Part of Speech:	verb
Definition:	calculate, estimate
Synonyms:	add up, cast up, cipher, count, count heads, count noses, cut ice, dope out, enumerate, figure, figure out, gauge, keep tabs, measure, rate, reckon, run down, size up, sum, take account of, take one's measure, tally, tot, total, tote, tote up
Antonyms:	conjecture, guess, guesstimate, surmise

'compute'를 검색한 화면

너 영어 어디서 배웠니?
Where did you learn English?

estimate, account…' 등등의 연관단어가 나올 겁니다. 그럼 이제 심화탐구를 해야겠습니다. 단순히 '계산'의 뜻만이 아니라 회계account, 총합sum, 견적estimate 등으로 관련어휘를 세분화시켜 하나하나 확인해 보는 겁니다.

컴퓨터라는 단어에 대한 궁금증 하나로 여러 가지 어휘와 표현의 세부적인 차이를 점검해 볼 수 있습니다. 그리고 데이터베이스로 남겨 두실 분이라면 엑셀파일을 이용하여서 자기만의 단어장을 만들어 두셔도 좋습니다. 여기서 Ctrl+C복사와 Ctrl+V붙이기의 위대한 기능을 활용하는 겁니다.

예를 들면 엑셀프로그램에 '컴퓨터'라는 카테고리를 만들어 놓고 'compute'라는 단어와 연관어휘들을 일단 복사해서 다 정리해 둡니다. 그리고 컴퓨터와 관련된 단어 중 하나인 screen을 찾아봅니다. '컴퓨터 화면'이라는 뜻 이외에도 '칸막이, 영사막, 호위' 등등의 뜻이 딸려 나옵니다. 이 한글 단어들을 다시 검색해서 영어단어를 확장시켜 나갑니다.

칸을 치고 막고 하는 개념을 표현하는 단어들인 cover, shield, veil 등의 단어로 계속 확장이 가능하겠습니다. 이걸 또 다 복사해서 screen이라는 단어의 하위범주에 붙여 두는 겁니다.

컴퓨터라는 단어에 이런 식으로 무한히 어휘 리스트를 확장시킬 수 있습니다. 그런데 이걸 일일이 쓰고 외우는 번거로움을 벗어던지고 키보드와 마우스 몇 번 움직이는 것으로 자기만의 단어장 폴더를 만들어갈 수 있습니다. 그리고 하릴없이 친구를 기다리거나 사무실에서 상사 눈치 보느라 퇴근 못하며 시간 죽이고 있을 때 한 번씩 들춰 보

는 겁니다. 그것만으로도 버리는 시간을 얼마든지 유익하게 활용할 수 있습니다. 컴퓨터를 보고 있으니 상사는 일하는 줄 알 것이요, 컴퓨터 화면에서 영어단어를 가지고 놀고 있으니 부모님도 대견해하실 겁니다.

- 눈치가 보여 인터넷 게임은 못하겠는데 할 일 없이 컴퓨터로 시간을 죽여야 하는 상황이 오면 엑셀파일과 컴퓨터 전자사전을 여십시오.
- 아무 단어나 치고 줄줄이 따라 나오는 동의어와 반의어, 예문 등을 **Ctrl+C**복사, **Ctrl+V**붙이기로 떼어다가 엑셀파일에 정리해 보십시오.
- 출력해서 혹은 파일로 저장해 두었다가 자투리 시간에 한번 훑어 봅니다.
- 정리해 보는 시간과 수고로움 속에서 그냥 보고만 지나치는 것보다 훨씬 많은 단어를 수확할 수 있습니다.

흘려 쓰니 홀리더라

불필요하게 영어로 뽐내는 사람을 만나도
기죽지 마십시오. 별 것 아닌 경우가 많습니다.
자신감 있게 공부하십시오!

"이거 '3'이냐 '5'냐?"
 초등학교 시절에 숙제검사를 받을 때 선생님께 종종 듣던 질문입니다.
 "3인데요."
 "정대진, 이게 3이니? 좀 신경 써서 제대로 써라."
 어려서부터 유난히 악필이었던 저는 어른들과 선생님께 자주 지적을 당하며 살았습니다. 악필을 고쳐 보겠다고 펜글씨 연습도 하고 서예도 해 봤는데 별 소용이 없었습니다. 숙제를 얼른 해 버리고 싶은 마음, 검사 받기 위해 쓰는 그날그날의 일기를 빨리 해치워 버리고 싶은 마음에 글씨가 늘 날림이었습니다.
 글씨는 성격을 따라 간다고 하죠. 성격이 급한 편이라 글씨를 쓰면 펜보다 마음이 앞서갑니다. 그래서 쓰고 나면 글씨가 종이 위에서 뛰어가다가 넘어져 있는 것 같을 때가 많습니다. 어른이 되면서 조금씩 급한 성질 죽이고 천천히 글씨를 써 보려고 하는데도 마음만큼 안 됩니다. '세 살 버릇 여든 간다' 는 속담을 따르자면 아직도 오십 년을 더 날림글씨를 써야 합니다.

그래도 위안이 되는 건 있습니다. 그나마 영어는 날림으로 써도 크게 욕먹지 않는다는 겁니다. 초등학교 4학년 때 처음 배운 필기체는 부드럽게 이어지면서 날아가는 듯 써도 큰 문제가 없었습니다. 물론 제가 원어민이 아니니 영어로 의사소통하는 외국인 상대방이 너그러이 봐 주는 면이 있었을 겁니다. 게다가 영어는 필기체 문화가 있어서 조금 날림으로 써도 크게 욕먹는 일이 없었습니다.

초등학교 때 필기체를 처음 배운 후 죽 이어서 글씨를 쓰는 게, 성질 급한 저는 아주 마음에 들었습니다. 대학교를 졸업하고 젊은 원어민 친구들이 필기체를 많이 쓰지 않는다는 사실을 알기 전까지 저는 필기체를 주로 썼습니다. 초등학교 5학년 때 필기체로 덕을 본 일이 있어 더욱 필기체를 애용했습니다.

어느 날 집에서 영어숙제를 하고 있었습니다. 'How do you do?' 'Do you like soccer?' 'I like to play basketball' 정도의 문장을 반복해서 쓰는 숙제였습니다. 영어공책에다가 필기체로 한껏 흘려 쓰고 있었습니다. 그때 아버지가 책상 옆에 오셔서 제가 뭘 하는지 지켜 보셨습니다. 잠시 그 모양을 내려다 보시더니 거실로 급히 나가시며 외치셨습니다.

"여보, 얘 영어 쓰는 것 좀 봐! 참 잘 쓴다!"

어머니도 곧이어 들어와 보시고는 "아이구, 우리 아들 참 잘하네" 하며 흐뭇해하셨습니다. 돌이켜보면 어린 저의 공부 의욕을 북돋아

주려는 부모님들의 의도적인 칭찬이셨을 수도 있겠다는 생각이 듭니다. 그러나 한편으로 이런 생각도 듭니다.

　제 부모님은 두 분 다 고등학교를 졸업하고 생활전선에 뛰어들어야 하셨습니다. 아버지는 섬유공장 일부터 시작하셨고 몇 년 후 자리를 잡은 뒤 갓 고등학교를 졸업한 제 어머니를 만나 결혼을 하셨습니다. 두 분은 공장에서 물건을 만들어 시장에 내다 파는 일을 하셨습니다. 제 두 누나를 낳은 후에는 부산에서 서울로 이주하여 시장에서 생선 장사, 옷 장사, 금은방 등을 하며 평생을 사셨습니다. 두 분 다 고교 졸업 후 바로 시장에서 장사를 하시며 한 가정의 생계를 꾸리는 일을 하셨습니다. 그런 제 부모님은 고교 졸업 후, 영어를 쓰실 일이 없었습니다.

　그런 분들이 보기에 어린 아들놈이 꼬부랑글씨를 마음껏 꼬부라지게 쓰고 있으니 신기해 보였을 수도 있습니다. 그리고 아들놈만큼은 시장이나 공장 근처에서 머물지 말고 멋들어지게 외국도 다니고 영어도 술술 하길 기대하셨을 겁니다. 어린 아들놈이 흘려 쓰는 영어 필기체에도 홀리실 만한 상황이었으리라는 생각이 듭니다.

　지금도 많은 분들이 비슷한 상황에 있을 수도 있습니다. 여전히 대다수 서민층에게는 영어는 잘나고 잘 배운 사람들만이 하는 특별한 말처럼 여겨지는 경우가 왕왕 있습니다. 영어공부를 위해서는 우선 그 생각부터 버려야 합니다.

　매일 만나는 친구나 직장 동료, 옆집 아줌마, 슈퍼 아저씨, 아파트 경비원 분들을 우리는 특별하다고 여기지 않습니다. 그래서 편하게 아무 부담 없이 인사도 나누고 피해 다니지 않습니다. 그런데 무서운 학교 선생님이나 호랑이 사장님, 빚쟁이, 불편한 선배 등, 친하지 않은 모든 종류의 어르신을 우리는 특별하게 생각하고 멀리서 보면 뒷골목으로 돌아, 피해 가기도 합니다.

영어를 만날 때 우리의 태도도 이와 같지는 않은지요? 물론 영어를 전혀 쓸 필요가 없는 분들이라면 상관이 없습니다. 하지만 적어도 이 책을 읽고 계신 분이라면 영어의 필요성을 절감해서 들춰 보고 계신 분들일 겁니다. 영어를 이미 잘하시는 분도 있고, 아직 부족하다고 느끼시는 분도 있겠지만 분명히 말씀드리고 싶은 게 있습니다. 어느 경우든 영어를 너무 신기하고 특별한 반열에 올려놓지 않으셨으면 한다는 점입니다.

이미 영어를 잘하시는 분은 더욱 원어민에 가깝게, 부족하다고 생각하시는 분들은 더 원숙하게 영어를 구사하시도록, 매일 만나는 가족이나 주변 사람들처럼 편하게 영어를 항상 대면하셨으면 좋겠습니다.

멀리서 방법을 찾지 마시고 영자신문을 구독해서 제목만이라도 보셔도 좋고, 내다 버리기도 귀찮아 책장 구석에 쳐 박아 놓은 옛날 영어교과서도 좋습니다. 매일 만나십시오. 그래야 별 것도 아닌 영어를 흘려서 쓰거나 웅얼웅얼 폼 잡으며 얘기하는 사람들한테 홀리지 않습니다.

예순이 넘은 제 어머니는 어느 날 여행을 다녀오시다가 기차역에서 영어회화 책을 사 오셨습니다. 영어문장 밑에 한글로 발음을 적어놓은 책입니다.

"Where is the bus stop?"
"훼얼 이즈 더 버스 스탑?"
"버스정거장이 어디입니까?"

이런 식으로 꾸며진 책입니다. 어머니가 그 책을 보시고 얼마나 영어를 하실 수 있을지 저는 모릅니다. 저는 다만 어머니가 더 이상 아들놈의 흘려 쓰는 영어에 홀리시지 않고, 영어에 기죽지 않고, 여생을 자신 있고 즐겁게 살아가실 수 있기를 바랄 뿐입니다.

여러분도 불필요하게 영어를 한껏 뽐내며 흘겨 쓰는 사람을 만나시거든 기죽지 마시고 글씨 똑바로 쓰라는 뜻으로 눈부터 흘겨주십시오. 단 나이 많은 영어 원어민이나 영어를 잘하시는 50대 이상 분들은 아직 필기체를 많이 사용합니다. 공작새 깃털이 달린 만년필에 잉크를 흠뻑 묻혀 썼을 것만 같은 고전적인 향취가 나는 그런 필기체 말입니다. 그분들의 필기체는 전통과 문화를 존중하는 마음으로 대해 주십시오. 모두 영어의 한부분입니다. 한번이라도 익혀 두면 피가 되고 살이 됩니다.

만년필?

필기체를 돋보이게 하는 필기구는 아무래도 만년필이 최고인 것 같습니다. 옛날 영국 귀족들처럼 깃털달린 펜을 쓰지는 않더라도 고급 만년필로 계약서에 필기체를 휙휙 내갈기며 폼을 잡는 비즈니스맨들을 호텔 로비나 회의실에 가면 심심찮게 볼 수 있습니다. 이 만년필은 영어로 **fountain pen**이라고 합니다. 물을 뿜는 분수fountain 같은 펜이라는 뜻일까요? 그렇게 이해해서 외우셔도 외국인인 우리들에게는

현대적으로 새로 디자인한 깃털 달린 만년필

상관없겠죠. 잉크가 몸통에서 펜촉으로 흘러나와 글씨를 뿜어낸다는 의미를 형상화해서 기억하시면 편하니까요. 예전에 호주에서 대학을 나온 한 친구가 fountain pen을 진짜 '분수펜'으로 번역한 걸 보고 놀란 적이 있습니다. 영어권에 살았다고 해도 정확한 한국말의 의미대칭을 못 시킨다면 말짱 도루묵이라는 생각을 했습니다. 처음에는 영어를 재미있게 접하시고 시간이 지나 익숙해지시면 세심한 확인과 추가학습이 반드시 필요한 이유입니다.

한 문단 베껴 쓰기

　멋진 펜을 가지고 멋지게 영어를 한 번 써 보려고 해도 문장이 나오지 않으면 헛일입니다. 영어로 문장을 쓴다는 게 처음에는 대단히 힘든 일입니다. 그리고 조금 쓸 줄 안다고 해도 막상 쓰다 보면 철자가 맞는 건지, 이 단어는 대문자로 써야 맞는지, 소문자로 써야 맞는지 혼란스러울 때도 있습니다.

　이런 문제를 해결하기에 좋은 방법은 영어문장 베끼기입니다. 눈으로만 알파벳 철자법을 익힌 것보다 몸으로 문장과 단어를 직접 쓰며 익힌 것이 더 오래가고 확실히 남습니다.

　문제는 어떤 글을, 얼마나 베껴 쓰느냐입니다. 가장 좋은 방법은 계획표를 잘 짜서 좋은 원서를 한 권 다 베껴 보는 겁니다. 작가나 기자들은 초년생 시절에 대부분 좋은 책을 한 두 권쯤 베껴 쓰며 문장연습을 합니다. 이 방법을 영어공부에도 도입하는 겁니다.

실제 영어칼럼 기사, 한 문단이라도 베껴 봅시다

하지만 상당히 부담스러운 방법이죠? 영어를 전문적으로 공부하는 학생이나 정말 절박하게 필요가 있는 분이 아니라면 하기 힘든 방법입니다. 그래서 다른 접근이 필요합니다. 먼저 얼마나 베낄지 말씀드리겠습니다. 하루 한 문단입니다.

영자신문의 관심기사나 칼럼 한 개, 영어 교과서나 원서의 한 단원을 통째로 베끼려면 수십 분이 걸릴 수도 있습니다. 그러나 서두의 첫 문단이나 결론부의 끝 문단, 혹은 중간에 강조되는 핵심문단 중 베끼고 싶은 부분 한 문단만 베껴 보십시오. 개인차가 있겠지만 내용과 문장구조를 파악하며 베껴도 십 분 안팎이면 가능할 것입니다.

이 방법이라도 하루, 이틀, 사흘, 나흘…, 한 달, 두 달 하시면 여러분의 펜에서 자연스럽게 영어 문장이 흘러나오기 시작할 겁니다. 영어책을 다 외워 버리겠다, 다 베껴 쓰겠다는 원대한 각오에 스스로를 옭아매고 신음만 하다가 펜을 놔 버리지 마십시오. 처음에는 실천 가능한 부분부터 시작해서 매일 꾸준히 하십시오.

다음으로 어떤 글을 베낄지를 말씀드리겠습니다. 바로 관심 분야의 공인된 글입니다.

경제학을 전공하고 대기업 재무팀에서 근무하는 사람이 있다고 칩시다. 이 사람이 관심을 가지고 읽을 수 있는 공인된 영어 글은 어떤 게 있을까요? 여러 가지가 있겠지만 저는 폴 크루그먼이 뉴욕타임스에 거의 매주 기고하는 칼럼을 추천하겠습니다. 노벨경제학상 수상자가 매주 세계경제에 대해 논하는 글이니 본인의 전공이나 업무에도 관련이 있는 관심 분야의 공인된 글이라 할 수 있습니다. 그 칼럼을 한 번에 다 베끼려면 수십 분이 걸릴 수 있습니다. 하지만 일주일에 칼럼 한 개를 첫 문단부터 끝 문단까지 하루에 한 문단씩만 베낀다고 생각해 봅시다. 사무실 책상에서 점심시간 자투리나, 회의 시작 전 상사를 기다리는 몇 분 정도를 아주 유용하게 쓸 수 있을 것입니다.

이런 식으로 자기 관심 분야의 공인된 글을 찾아 피자나 케익을 조각내듯이 나누어 매일 섭취해 보시기 바랍니다. 다 피가 되고 살이 될 것입니다.

- 일주일 내에 베낄 수 있는 영어칼럼이나 기사 혹은 좋은 에세이의 한 부분을 정합니다.
- 원문을 6~7 문단으로 나누어 하루에 한 문단만 베낍니다.
- 점심 먹고 남는 시간이나 하교 및 퇴근을 기다리며 늘어지는 시간에 10분 내외만 투자하여 한 문단을 베낍니다.
- 일주일에 칼럼 한 개나 에세이 한 파트를 베끼고 마지막 날에는 원문 전체를 눈으로 다시 읽어 보고 정리만 합니다.

영어와 동행, 중고등학교 시절

꼬부라진다고
다 똑같은
혀가 아니다

영어 전국 1등?

스스로에게 물어보십시오.
"나는 영어를 필요로 하는 만큼 열심히 공부했는가?"
이 편치 않은 질문이 약이 됩니다!

초등학교 4학년 때 우리 동네 국회의원 어르신의 자제 분을 반장으로 '모시며' 부반장 생활을 한 적이 있었습니다.

그 반장 친구가 초등학교 5학년 때부터 영어 과외를 시작했습니다. 저는 거기에 끼어들어 가서 영어조기교육을 받기 시작했습니다. 요즘 기준으로 보면 조기교육도 아닙니다. 하지만 당시만 해도 초등학생이 따로 시간을 내서 영어를 공부하는 일이 드물었으니 조기교육이라면 조기교육이었습니다.

선생님은 서울국제학교에 다니던 교포 선생님이었습니다. 수강료가 터무니없이 비싸지는 않았지만 또 아주 헐값도 아니었던 수준으로 기억합니다. 시장에서 장사를 하시던 어머니는 늘 그랬듯이 군말 없이 돈을 마련해 공부를 시키셨습니다. 저는 본전 생각이 나서 열심히 할 수밖에 없었습니다. 어려서부터 시장에서 사람들의 구체적인 노동을 보며 자란지라 돈으로 환산되는 땀의 가치를 알고 있었습니다. 허투루 쓸 수 있는 돈이 한 푼도 없다는 걸 매일 시장에서 배웠습니다.

돈을 들여 하는 공부는 그래서 더욱 놓치지 않으려고 노력했습니다. 영어 과외를 시작하면서 꼬부라지는 필기체도 배우고 줄 쳐진 영어노트도 처음 써 보았습니다. 초등학교 3학년 때부터 다닌 컴퓨터학원과 4학년 때 학교에서 본 영어회화 비디오테이프 덕에 그리 버벅거리며 시작하지는 않았습니다. 그리고 수업장소로 사용되던 국회의원 아저씨 집을 무시로 드나든다는 게 어린 마음에는 은근한 자랑이기도 했습니다. 거실 탁자 밑에 놓여 있던 금배지도 실제로 보았습니다.

지금은 그 당시에 무슨 표현과 문장을 배웠는지는 확실히 기억나지 않습니다. 그냥 일상적인 말들을 계속 따라하고 반복했던 기억만 납니다. 한 일 년 넘게 꾸준히 교포 선생님과 영어로 대화하고 받아 쓰며 시간을 보냈습니다. 그 덕에 중학교에 들어가 첫 영어시간을 맞이했을 때도 그리 어렵다는 느낌을 받지는 않았습니다. 조기교육의 덕택이었습니다.

중학교 첫 전국 모의고사에서 영어를 100점 받기도 했습니다. 다른 과목은 그럭저럭 평균 이상만 했는데 영어만 100점이었습니다. 조기교육 덕을 톡톡히 본 셈입니다(?). 전국 모의고사에서 100점이니 등수도 당연히 '전국 1등'으로 찍혀 나왔습니다. 그런데 그게 순수하게 나 혼자 100점이면 진정한 전국 1등이겠지만 우리 학교에서만도 이미 십수 명이 100점이었습니다. 무수하게 많은 '전국 1등'이 대한민국 곳곳에 흩어져 있었을 것입니다. 아마 다른 친구들도 이미 초등학교 시절부터 영어 과외를 꽤나 했던 모양입니다.

지금 이 글을 읽으시면서 어떤 분들은 '역시 영어는 조기교육이 필요하다'고 자녀교육에 대한 자기 정당성을 확보하시는 분도 있을 겁니다. 혹 어떤 분들은 '난 영어 조기교육을 받아 본 적이 없는데 역시 안 되겠구나' 하며 성급하게 책장을 덮으시려는 분들도 있을 겁니다. 그런데 전 여기서 조기교육의 필요성과 효용에 대해 논하려는 건 아닙니다. 제가 말씀드리고 싶은 점은 제가 초등학교 4학년 때 공식적으로 배우기 시작한 영어를 5학년 때 과외를 시작하고 일 년 넘게 본전을 생각하며 꾸준히 열심히 했다는 사실입니다.

초등학교 4학년 때 서울올림픽을 치르면서 당시 제 또래 친구들은 적어도 abc와 간단한 인사는 모두 배웠습니다. 그런데 그 후에 계속 꾸준히 공부한 몇몇 친구들은 중학교 첫 모의고사에서 '전국 1등'을 먹었고 그렇지 못한 친구들은 그저 그런 점수를 받았습니다. 어린 아이들이라도 반복해서 연습하고 꾸준히 하지 않으면 그 결과는 달라지는 게 당연합니다. 무조건 어린 시절에 가르친다고 다 되는 게 아니라 얼마나 지속해서 열심히 하느냐가 중요합니다.

저 같은 경우에는 본전 생각을 품고 영어에 매달리다 보니 어쩌다 이룬 '전국 1등'이었습니다. 그러나 제 인생에서 처음으로 맛본 '전국 1등'의 맛은 짜릿했습니다. 그리고 그 자극이 계속 영어공부를 해 나가는 데 좋은 약이 된 건 두말할 것도 없습니다. 전국 학생을 등수로 줄 세우고 성적에 따라 인격까지도 평가해 버리는 야만적인 행태가 우리 교육이 품고 있는 독 중의 맹독이지만, 딱 한 번 제 경험에서는 약이 되었습니다.

저야 그 때 허울뿐인 '전국 1등'을 해 봤지만 다른 친구들은 시험

결과에 따라 얼마나 큰 열패감을 맛보았을까요? 오늘도 괜히 영어 때문에 열패감을 맛보는 분들이 많을 줄 알고 있습니다. 그런데 "나는 조기교육을 못 받아 봤어" "외국도 못 나가 봤어"라고 포기하기에는 아직 이릅니다. 먼저 자기가 영어를 배운 이후에 얼마나 꾸준히 그놈을 따라다니고 접했는지를 생각해 보십시오. 영어가 필요하다고만 생각했지 실제로 필요한 만큼 해 보려고 얼마나 매달렸는지 생각해 보십시오.

1등?

1등을 이야기하고 싶을 때는 first를 활용하면 편합니다. "I won the first place"나 1등했다처럼 쓸 수 있습니다. 응용해 보자면 "You took the first place" 당신이 1등입니다, "Korea wins the first place" 한국이 1등을 했어 등으로 쓸 수 있습니다. '선착순'은 1등으로 오면 1등으로 대접받는다는 의미로 'First come, first served'로 씁니다. 그런데 단순히 '1등' first만 하는 것보다는 '최고' best가 되기 위해 노력해야 하는 게 영어공부의 본질이기도 합니다. 제 중학교 첫 영어 모의고사 전국 1등은 first였지만 반드시 best는 아니었습니다. 영어시험 등수에 너무 연연해서 first만 추구하지 마시고 best를 향해 꾸준히 나아가시길 바랍니다.

Best의 필수 조건, 문법 Grammar!

아무리 영어단어를 많이 알고 있고, 유창하게 발음을 할 줄 안다고 해도 최고 수준의 고급영어를 구사하기 위해서는 문법지식이 반드시 수반되어야 합니다.

"It is natural/ that non-native speakers/
     1   2
should not speak/ English/ well."
      3   4   5

이 문장은 어떻게 해석해야 할까요? 기본 단어실력만 있으면 대충 접근은 다 할 수 있습니다.

"그건 자연스럽다/ 비원어민이/
     1   2
말할 수 없어야만 한다/ 영어를/ 잘"
      3   4   5

'비원어민이 영어를 잘 하지 못하는 건 당연하다' 는 뜻인 것 같은데 일반적으로 알고 있는 의무를 나타내는 조동사 should의 의미를 붙여서 보니 3번 부분이 어색합니다. 비원어민인 것도 서러운데 영어를 '말할 수 없어야만' 하다니요?

이 문장의 비밀은 바로 natural과 should의 문법사항에 숨어 있습니다. 사람이 이성적으로나 감성적으로 판단을 하는 바를 나타내는 단어들 예컨대 strange낯설다, odd이상하다, wonderful대단하다, right맞다, wrong틀리다, natural당연하다 같은 형용사 뒤에 오는 절에서는 주어 다음에 should를 써야 합니다.

  1에서 말하는 이의 판단을 나타내는 natural당연하다이 쓰였고 뒤에 따라붙는 2+3+4+5는 '주어non-native speakers+동사speak'의 형태를 가진 절clause입니다('주어+동사'의 형식이 없는 표현단위는 구phrase라고 함). 따라서 이 절에서는 주어 다음에 조동사로 should가 따라와야 합니다.

  이런 문법사항 때문에 should가 붙은 것이지 말하는 이가 악의적으로 "비원어민은 영어를 잘 말해서는 안 되는 게 당연하다"고 이야기하는 문장이 아닙니다.

  본인이 말을 하거나 쓸 때도, 남의 영어를 듣거나 읽을 때도 문법지식이 뒷받침되지 않으면 오역과 불충분한 표현을 할 수밖에 없습니다. 어느 정도 의사소통이 되고 기본실력이 쌓였다고 한다면, 다시 한 번 자기의 문법지식을 점검해 봐야 합니다. 기초가 없다고 생각하는 분들도 중학교 1학년 문법사항부터 다시 점검해 보는 노력이 필요합니다.

  대부분 이런 기초적인 노력을 간과하기 때문에 고급수준이 안 되거나 영어를 다시 시작하고도 제자리에서 빙빙 돌다 그만두고 마는 것입니다. 기억하십시오. 영어공부 방법을 찾기 위해 이 책을 읽는 여러분이나 저나 다 비원어민입니다. 남의 나라 말을 잘하고 싶다고 하면서 그 기본문법을 무시하고 나서는 것은 잘못돼도 한참 잘못된 일입

니다.

　중고등학생이라면 교과서의 문법 부분이라도 다시 점검해 보십시오. 일 년치 문법부분만 제대로 다시 읽고 외우기만 해도 엄청난 보물을 발견할 수 있습니다.

　영어공부를 기초부터 다시 시작하시려는 분들은 중고등학생 교과서와 자습서를 구입해서 문법 파트를 완전히 뜯어 먹듯이 보십시오. 혹은 집에 해묵은 문법책이 있으면 그 책이라도 제대로 다시 정독해 보십시오.

　기본문법은 알고 있고 영어실력도 어느 정도 된다 생각하시는 분들은 TEPS 문법 파트를 공부해 보시길 권합니다. TEPS는 한국인이 틀리기 쉬운 문법사항을 분석해서 문제로 만들어 놓은 게 많습니다. 꼭 시험점수가 필요 없다 하더라도 문법적인 실력을 향상시키고자 한다면 TEPS 문법 분야 기출문제 해설집 등을 이용하시면 도움을 받으실 수 있을 것입니다.

　저는 중학교 내내 문장의 5형식도 모르고 빌빌거리다가 고1이 되어서야 《성문영어》와 《정철 영문법 24일》이라는 책을 본 적이 있습니다. 그때서야 문장의 5형식을 알고 구와 절이 무엇인지를 알았습니다.

　중학교 내내 배웠던 것이기는 한데 멍청하게 앉아 있다가 나중에 따로 정리한 것입니다. 중학교 1학년 첫 기말시험에서 '이 단어의 동의어를 고르시오' 라는 문제가 나왔을 때 '동의어' 가 무슨 뜻인지도 몰라 한참 끙끙대던 적도 있습니다. 사전이나 문법책에 어휘설명을 할 때 늘 나오는 표현인데 그걸 제대로 안 펴 봤으니 시험 때 대가를 치르는 게 당연natural했습니다.

이런 당연한 대가를 치르지 않기 위해서 어느 종류의 문법책이라도 당연히 한 번은 훑어 보시길 권해드립니다.

- 중고교생이라면 지금 공부하는 교과서 혹은 지난 학년의 교과서라도 다시 펴 놓고 문법 부분만 집중해서 다시 보십시오
- 대학생이나 일반인이라도 영어 기초문법을 모른다 싶으면 중고교 교과서나 문법책 하나를 택해 반드시 문법공부는 한번 하시기 바랍니다.
- 시간에 쫓기는 분이라면 TEPS 문법 학습서라도 한 권 보십시오. 한국인이 틀리기 쉬운 문법사항이 집중적으로 정리되어 있으니 그 부분이라도 한번 보시길 권합니다. 하지만 기초적 문법지식이 없다면 보기 힘들 확률이 높습니다.
- 고통스럽더라도 문법은 꼭 한번 짚고 넘어 가야 할 수준 높은 영어로의 징검다리입니다. 기초가 없다 생각되면 솔직히 인정하고 중고교생 문법책부터 다시 시작하는 결단이 필요합니다.

뉴스페이퍼와 콩글리쉬

종종 장난 삼아 아는 영어단어를 조합해서
새 단어와 표현을 만들어 보십시오. 콩글리쉬가 아니라
의외로 잉글리쉬인 경우도 있습니다.
영어와 친해질 수 있는 기회의 문입니다!

중학교에서 첫 소풍날의 일입니다. 하루 종일 김밥과 사이다, 삶은 계란을 주섬주섬 먹으며 경기도의 한 수목원 곳곳을 돌아다녔습니다. 집으로 돌아가는 길에는 친구들이 다 같이 모여 담임선생님의 주의사항을 듣고, 자연스럽게 시외버스 정류장까지 한 반이 함께 이동을 하게 되었습니다.

부반장이던 저는 반장 친구랑 반 아이들 선두에 서서 걸어갔습니다. 그때 같이 길을 걷던 반장 친구가 그날 깔고 앉았던 신문지 뭉치를 들고 가다 물었습니다.

"신문을 영어로 뭐라고 하냐?"

소풍 전에 치러진 전국모의고사에서 우리 반에서 유일하게 영어 100점을 받았던 제게 시험 삼아 던진 질문이었습니다.

"뉴스페이퍼." newspaper

전 우연히 며칠 전 참고서 단어장에서 보았던 기억이 있어 말해 주었습니다. 그런데 반장 친구의 표정이 시원치 않았습니다.

"야, 장난 하냐?"

정답을 말해 주었는데 애가 뭔 소리를 하나 싶어 저도 그 친구를 시원치 않은 표정으로 쳐다봤습니다.

"신문이라면 다른 단어가 있겠지 그냥 '뉴스종이' newspaper라고 하겠냐? 넌 왜 없는 걸 만들어 내고 그러냐?"

사전이라도 있으면 당장 펼쳐 보여 주고 싶은 심정이었습니다. 하지만 별 방도가 없어 저도 박박 우기는 수밖에 없었습니다.

"내일 학교 가서 사전 찾아보자고! 내 말 맞으면 어떻게 할래?"

"싸대기 10대 맞을게."

"지금 미리 맞자! 이리 와!"

뒤에 따라오던 친구들은 반장과 부반장이 앞에서 그런 일로 투닥거리는지 아마 꿈에도 몰랐을 겁니다.

요즘 어린 학생들도 이런 일로 다투는지는 알 수 없습니다. 아마 저희 때보다는 훨씬 어린 시절부터 영어를 배우니 이런 사소한 일로는 말다툼이 생기지 않으리라 생각됩니다. 하지만 저희 때까지만 해도 '신문 newspaper'라는 단어를 놓고 말싸움을 벌일 정도로 영어는 먼 나라 말이었습니다.

반장 친구도 영어를 먼 나라 말로 여기고 있었기에 '뉴스종이' newspaper라는 식의 간편한 조합은 당연히 콩글리쉬려니 하고 생각했던 것 같습니다. 그런데 따지고 보면 영어단어 중에는 콩글리쉬처럼 아주 쉽게 조합된 단어들이 많이 있습니다.

신문가판대는 신문을 세워놓고 파는 곳이니 간단히 'newsstand'

라고 합니다. 필통은 연필을 넣는 상자이니 'pencil case'라고 하고요. 병따개는 병뚜껑을 여는 도구이니 간단히 'opener'라고 합니다. 매점에서 밥을 사 먹는 식권은 말 그대로 'meal ticket'입니다. 반장 친구와의 싸움이 며칠 더 길어졌다면 당시 중학생 생활 주변에서 찾을 수 있는 이런 예를 가지고 더 싸웠을 겁니다. 그리고 싸대기를 더 날렸을 수도 있었을 겁니다.

영어가 일정 수준 이상이 되고 전문적으로 할 필요가 있는 분들이라면 자기표현을 끊임없이 점검하고 콩글리쉬가 아닌 원어민이 쓰는 영어처럼 말하기 위해 노력해야 합니다. 그러나 초보자라면 이런 부담감을 가질 필요가 없습니다. 영어는 먼 나라 말이고 특별한 것이니 따지고 또 따지겠다는 마음가짐을 가지고 시작하면 괜히 진입장벽만 스스로 높이는 꼴이 될 수도 있습니다.

콩글리쉬 같다고 생각하는 게 잉글리쉬인 경우도 상당히 많을 수 있습니다. 일정 수준이 되기 전까지는 말 가지고 장난한다 생각하시고 단어를 조합해 가며 영어로 '뜻 만들어가기' 놀이라도 해 보십시오. 영어도 사람이 하는 말이므로 사물에 대해 비슷한 관점에서 기존에 있던 단어를 조합해 쓰는 경우가 많습니다.

첫 소풍 나가서 설레는 마음으로 보물찾기 하듯이 쉬운 단어를 연결해 새 뜻을 만들어 내는 표현들을 많이 찾으시기 바랍니다. 콩글리쉬 아니겠냐고 괜히 부끄러워 마시고 첫 소풍 나가서 신나서 노는 아이처럼 영어도 그냥 한번 즐겨 보십시오.

Home Service? Delivery Service?

미국에서 들어온 한 피자 체인점의 배달서비스를 한국에서는 'home service' 라고 합니다. 집에서 받아 먹는 서비스이니 그 뜻이 우리 머릿속에 잘 들어옵니다. 그런데 이걸 원래 미국 본토에서는 처음에 문자 뜻 그대로 '배달서비스 delivery service' 라고 표현했습니다. 그러던 것이 언제인가부터 미국에서도 'home service' 로 바뀌었다고 합니다. 한국에서 쓰는 표현이 서비스의 성격을 더 잘 나타낸다고 판단해서 미국 본사에서 가져다가 활용한 결과입니다. 콩글리쉬가 잉글리쉬가 된 경우라고 해야 할까요? 어쨌든 미국에 가서도 피자 시킬 때 'home service' 라고 말해도 되니 'delivery!' 배달이요!가 생각 안 나서 굶을 일은 없겠군요. 다행입니다.

마이마이는 내 친구

고급 영어 학습기나 좋은 전자사전 등이 없다고 기죽지 마십시오.
돈이 있으면 영어공부하기는 편하겠지만,
돈이 있다고 다 영어를 잘할 수 있는 건 아닙니다.
건강한 자세로 진지하고 성실하게 영어를 공부하면 충분합니다!

시대와 세대에 따라 부의 상징은 다릅니다. 2010년대 어린 초등학생 친구들에게 부의 상징은 무엇일까요? 아마도 닌텐도 게임기나 고급 핸드폰 정도를 예로 들 수 있지 않을까 싶습니다. 닌텐도 게임으로 친해질 수 있는 그룹과 그렇지 못한 그룹, 고급 핸드폰으로 메시지 주고받는 그룹과 그렇지 못하는 그룹. 이 사이에 보이지 않는 벽도 존재하리라 생각됩니다. 별로 안 좋은 핸드폰에서 온 문자는 바이러스라도 실어 나르는 것처럼 알레르기 반응을 보이는 유치한 구별 짓기가 어린 초등학생들 사이에서는 일어날 수도 있다고 봅니다.

대학 새내기나 20대 젊은 친구들은 얇디얇은 노트북이나 스마트폰 같은 게 부의 상징이 될 수 있겠죠. 30대 정도가 되면 명품 구두나 지갑에 수입차를 모는 게 부의 상징이 될 수도 있을 겁니다. 그리고 허파에 바람이 들어간 친구들이 다음과 같은 행동을 할 수도 있으니 유사품에 주의하시기 바랍니다. 예컨대 이런 겁니다.

엊그제 대학생 시절 같이 삼겹살 구워먹고 막걸리나 퍼 먹었던 친구가 어느 날부터는 청담동 레스토랑에서 보자고 연락을 해 옵니다. 테이블에는 자연스레 프라다 지갑과 루이뷔통 열쇠지갑을 올려 놓습니다. 상표가 촌스럽게 도드라지도록 디자인된 모델이 아닙니다. 눈여겨봐야 명품 브랜드라는 걸 알 수 있도록 은근하게 디자인되어 있는 제품입니다.

이때 루이뷔통 열쇠지갑에서는 수입차 오토키가 살짝 흘러나와 있습니다. 일부러 그렇게 해 놓은 것 같습니다. 그 키에 'H' 자가 새겨져 있습니다. 하지만 그건 현대 쏘나타 키가 아니라 혼다 어코드 키입니다. 그리고 그 친구는 그 정도는 알아보는 친구들끼리나 만날 수 있을 것 같은 분위기를 잡아 갑니다. 그러면서도 자기는 변한 게 없다는 듯이 겉치레로 한마디 해 주는 것도 잊지 않습니다.

"이 레스토랑은 막걸리 안 파나 몰라? 술은 예전에 학교 앞에서 파전 지져 가면서 막걸리 마시던 것처럼 먹어야 제 맛인데…."

이런 말을 하는데 그 표정은 이렇게 말하고 있습니다.

'이 자식이 내 페라가모 구두 때문에 시장에 가면 물 튀고 먼지 묻어서 안 된다고 말해야 내가 더 폼이 나는데… 술은 파전에 갓 삶은 돼지 염통이랑 순대랑 먹는 막걸리가 최고인데, 아이씨. 와인 값이 이거 얼마야?'

노골적으로 부의 상징을 들먹이면 욕먹지만 은근히 그걸 드러내면서, 번지르르한 말과 행동으로 포장하면 뭐라 욕하기도 힘든 게 사실입니다. 시대와 세대에 따라 다르지만 부의 상징은 은근히 드러나서 소유자의 지위와 인품까지도 빛나게 해 주어야 제 몫을 했다고 할 수 있습니다.

　오늘날의 세태를 생각해 보면 8,90년대 부의 상징은 아주 소박하고 귀엽기까지 했습니다. 우리나라 자체가 아직 개발도상국이던 시절이었습니다. 대한민국은 막 '86아시안게임과 '88서울올림픽을 치르며 세계를 향해 깨어나는 나라였습니다. 그 당시 초등학생에서 중학생, 고등학생으로 자라나던 제 기억에는 지금처럼 다양한 부의 상징이 존재하지도 않았습니다.

　좋은 운동화 브랜드라고 해 봐야 '나이키'나 '아디다스' 정도였고, 청바지도 '리바이스'나 '뱅뱅'이 널리 알려진 브랜드의 전부였습니다. 초등학생 때 바느질을 배우던 '실과' 같은 시간에 이런 일도 있었습니다. 한 친구가 시장에서 산 검은 양말에다가 흰 실로 나이키 무늬를 새겨서 신고 다니기도 했습니다. 조악한 바느질 솜씨에 아주 우스꽝스러웠지만 현대 팝아트의 관점에서 봤을 때는 브랜드 지상주의 시대에 대한 풍자를 담은 예술작품으로 봐도 손색이 없었습니다. 너와 나를 가르는 중대한 부의 상징이 있던 시절이 아니었고 친구들은 '아무렇지도 않고 예쁠 것도 없는 사철 발 벗은' 상태로 어울려 살았습니다.

　하지만 이런 시대에도 친구들 사이에는 은근한 자랑을 위해 '득템' 하고 싶은 아이템이 있었으니 바로 '마이마이'가 그 주인공이었습니다.

　가수 이문세 선생이 30대 청춘에 별밤지기를 하고 있던 시절이었습니다. 카세트에 공테이프를 넣어 두었다가 심야 라디오에서 좋아하는 노래가 나오면 녹음을 해서 자기만의 컬렉션을 만들어 듣던 시절이었습니다.

요즘은 MP3 파일로 금세 CD를 굽거나 소용량 MP3 플레이어에 수백 곡이라도 넣어서 선물할 수 있기에 당시의 그 정성과 노력을 상상하기 힘듭니다. 조금이라도 타이밍을 놓치면 노래의 전주 부분이 잘리거나 튀는 소리가 섞여 처음부터 테이프를 다시 감아야 하던 시절이었습니다.

그러니 그 소중한 테이프를 항상 끼고 듣고 또 듣기 위해서는 워크맨이 필요할 수밖에 없었습니다. 휴대용 워크맨의 원조인 소니 카세트를 가질 수 있다면야 최고였겠지만 당시 중고등학생 사이에서는 국산 워크맨의 대명사인 마이마이를 가지고 다니면 그럭저럭 꿀리지는 않았습니다.

저는 저보다 여덟 살, 다섯 살이 많던 누나들 덕분에 일찍부터 워크맨을 사용할 수 있었습니다. 당시 중고등학교에서는 공부에 방해가 된다며 학교에 워크맨 가지고 다니는 걸 대개 금지했습니다. 그래서 누나들은 집에 워크맨을 두고 갈 때가 많았습니다. 초등학교에서 일찍 돌아온 날이면 그렇게 놀고 있는 마이마이를 친구삼아 놀기도 했습니다. 그리고 시간이 흘러 누나가 새 마이마이를 선물로 받자 헌 마이마이를 제가 가지게 되었습니다. 노래도 흥얼거리고 그냥 귀에 이어폰 꽂고 돌아다니는 것만으로도 초등학

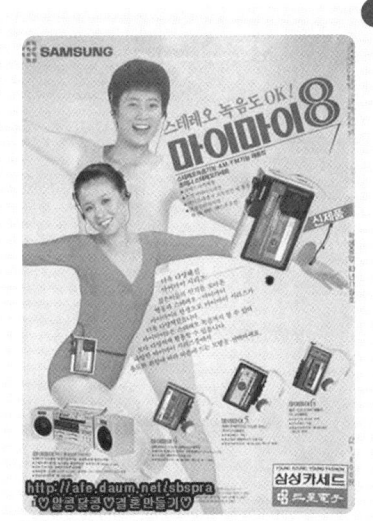

국산 워크맨의 대명사 마이마이

생으로서는 은근한 자랑이었습니다.

그런데 또래 친구들도 대부분 중학생이 되면서 워크맨을 새로 선물 받기 시작했습니다. 제 헌 워크맨은 더 이상 은근한 자랑거리가 되지는 못했습니다. 그래서 듣는 내용으로 승부하기로 했습니다. 영어 팝송과 외국 노래들을 구해 가지고 들었습니다. 허파에 바람 든 짓이었지만 결과적으로 영어 귀를 트이는 데 많은 도움이 된 경험이었습니다.

중학교 때 저는 당시 KBS 라디오 〈굿모닝팝스〉 진행자가 만들어 팔던 《팝스잉글리쉬》 전집을 구입하는 결단을 내렸습니다. 물론 저는 그 때까지 돈을 벌지는 않았으므로 어머니의 결단으로 성인들이 영어 학습용으로 쓰던 그 카세트 테이프 전집을 구입했습니다. 정확한 가격은 기억나지 않지만 중학생 영어 참고서나 사전 사는 정도하고는 비교가 안 되는 비싼 가격이었습니다. 가격도 가격이었지만 어른들의 영어공부 테이프를 듣는다는 자랑으로 가슴이 차올랐습니다.

사람이 자기가 별 것도 아닌 시절에는 정말 별 것도 아닌 것에 의미를 많이 두고 자기 혼자 좋아하고 그러는 모양입니다. 당시 그 테이프를 나누어 들으며 요즘 말로 하면 '스터디' 비슷한 걸 하던 친구도 있었습니다. 그 친구와 함께 《팝스잉글리쉬》의 원어민 여성 진행자의 이름을 마치 우리 친구들인 것처럼 부르며 조잘대기도 했습니다. 외국인 친구가 있는 놈들처럼 말이지요. 꼴 같지도 않은 행태를 꼴을 갖추지도 않았던 어린 시절이었기에 뻐기며 할 수 있었습니다.

그런데 그 재미에 빠져 《팝스잉글리쉬》 전집을 다 들었습니다. 귀로 듣고, 입으로 따라하며 외우던 그 문장과 표현들도 알게 모르게 다 제 재산이 되었습니다. 어린 시절이었으니 얼마나 흡수가 빨랐겠습니까? 성인이 된 지금도 시간이 될 때면 영어 귀를 뚫어보겠다고 영화대사나 뉴스를 다운받아 이어폰으로 들으며 다니기도 합니다. MP3를 재생하는 제 플레이어와 핸드폰은 부의 상징이라고 자랑할 만큼 좋은 건 아닙니다. 제 머리도 예전만큼 흡수를 잘하지도 못합니다. 제 소지품들도, 머리도 더 이상 명품이 아닙니다. 하지만 지금은 마음가짐이 예전보다 훨씬 여유롭습니다.

 바로 진정한 부의 상징이 무엇인가에 대한 제 기준이 달라졌기 때문입니다. 더없이 풍요로워진 오늘날 진정한 부의 상징은 어떤 특정 물건이 아니리라는 생각이 듭니다. 잘 배운 교양과 여유로운 자세와 인품으로 은근히 발산되는 한 개인의 전체적인 매력이 진짜 명품이고 부의 상징이라고 생각됩니다. 아무리 좋은 브랜드를 걸치고 있더라도 돼지 목의 진주목걸이처럼 되어 버리면 말짱 헛것이기 때문입니다. 단순히 돈이 많은 wealthy가 아니라 마음과 정신이 healthy한 게 진짜 명품인생입니다.

 구닥다리 워크맨이라도 돌아가는 게 있으면 영어를 테이프에 녹음해서 듣고 다니십시오. 워크맨이 유행하던 시절, 설레는 마음으로 타이밍 맞추어 녹음하던 노래가사와 리듬은 평생 잊을 수가 없었습니다. 공들여 녹음하고 신경 쓴 영어방송의 문장과 표현도 마찬가지입니다. 시대가 많이 변했으니 예전처럼 테이프 녹음은 안 한다 해도 정성스레 다운받은 MP3 파일을 듣고 또 듣고 분석해 보십시오. 몸 안에 고스란히 쌓여 언젠가 외국인과 대화할 때 뉴스앵커가 쓰던 고급표현을 자신도 모르게 쓰는 날이 올 겁니다. 교양 있는 표현과 여유로운 말솜씨로 진정한 부의 상징을 갖추었다는 걸 뽐낼 수 있는 우리가 되어야겠습니다.

"소리 좀 높여 주세요?"

소리를 크게 해 달라고 부탁할 때는 **volume**이라는 단어를 사용하시면 됩니다. 보통 TV나 라디오 같은 기계 버튼을 작동할 때 쓰는 **"turn"**에다가 "높이다/내리다"를 뜻하는 **"up/down"**을 붙여서 **"turn up**(down) **the volume"** 하시면 "소리 좀 높여요(줄여요)"가 됩니다. 너무 쉽다고요? 이미 안다고요? 그런데 이것을 말하는 이미지 트레이닝 한번 안 해 보고 외국인을 만나면 어찌 될까요? 그냥 조용히 혼자서 TV 소리 직접 올리고, 내리고 있는 나를 발견할지도 모릅니다. 이미 알고 있는 거라도 외국인 만난 상황을 상상하며 꼭 연습해 보시기 바랍니다.

누가 내 삽질을 보셨는가요?

영어공부는 삽질입니다.
내 밖의 영어 모래산(어휘, 표현, 문법, 듣기연습, 말하기 연습, 영작, 번역…)을
자꾸 퍼 나르다 보면 어느새 내 안에 영어 모래산이 쌓입니다.
더 높은 모래산을 쌓는다는 마음으로
'삽질' 하십시오!

영어공부를 하다보면 '지금 영어가 늘고 있는 건가?' 하고 궁금증이 들 때가 있습니다. 단어를 외우고 입으로 중얼거리다 보면 뭔가 한 거 같기는 한데 진짜 내 안에 쌓여 있는 건지 아닌지 알 수 없을 때가 많습니다. 매일 막대그래프를 그리고 공장에서 제품생산량을 체크하듯 계량화시켜 확인할 수 없으니 마음이 갈대처럼 흔들리게 됩니다. 수학은 원리를 이해해 나가고 공식을 정리해 가다 보면 뭔가 쌓이는 느낌도 듭니다. 또 이걸 하고 나면 저게 이해가 되고 벽돌을 쌓아 맞추면서 올리듯이 공부가 되기도 합니다.

그런데 영어는 기본문법만 익히고 난 후에 이게 되고 있는 건지 뭔지 자기도 감을 잡기 힘든 게 사실입니다. 그래서 삽질입니다. 지겹다 보니 쉽게 포기하게 됩니다. 그리고 얼마 있다가 또 삽질을 시작하기도 합니다. 때로는 다시 삽을 드는 걸 매우 부담스러워하다가 그치는 경우도 허다합니다.

영어공부는 내 몸과 머리 밖에 있는 영어라는 모래산을 삽으로 퍼다 내 안에 옮기는 삽질과도 같습니다.

스르르 흘러내리는 모래는 절대로 벽돌처럼 쌓아 올려지지 않습니다. 삽질 한두 번 해 가지고는 모래산 옮기는 티도 안 납니다. 다 스르르 흘러내려가 퍼져 버리기 마련입니다. 하지만 수백 번 반복하다 보면 내 몸과 머리 바깥에 있던 모래산이 어느 순간 내 안에 쌓여 가는 걸 알 수 있습니다.

저는 이 삽질의 위대함을 고1 때 알았습니다. 고1 학기 초에 영어 선생님이 어마어마한 숙제를 내 준 적이 있습니다. B4 시험지 앞뒤로 빽빽하게 각종 영어 신문기사와 에세이, 칼럼 등을 몇 장 복사해서 나누어 주었습니다. 그리고 번역공책을 따로 만들어 다 번역을 해 오라고 했습니다. 한 달 뒤에 검사를 하고 수업시간에 틈틈이 그 프린트 복사본 진도를 나가겠다고 했습니다.

내용을 본 친구들의 반응은 이랬습니다. "첫째, 뭔 내용인지 모르겠다." "둘째, 뭔 내용인지 모르니 재미가 없다." "셋째, 고로 못하겠다." 저도 영어에 관심이 있는 편이기는 했으나 별로 재미있게 할 수 있는 숙제가 아니었습니다. 그냥 영어를 영어로 읽고 이해하는 것과 다시 한국말로 써서 옮겨 놓는 일은 또 다른 차원의 과제였습니다.

고1 수준에서 이걸 하려니 막막했습니다. 앞부터 번역을 해서 문장을 적다 보면 뒤에서 관계대명사로 받아 다시 중간에 내용을 삽입해

영어공부에는 삽질이 필요합니다

야 했습니다. 지우개로 박박 지우고 다시 써야 했습니다. 노가다도 이런 노가다가 없었습니다. 그리고 사전은 얼마나 많이 뒤적여야 했는지 모릅니다.

요즘처럼 컴퓨터로 타이핑을 해서 쉽게 지우고, 붙이고 할 수 있는 때가 아니었습니다. 전자사전이 있어서 단어를 금방 찾을 수 있는 때도 아니었습니다. 문장을 번역하다가 지우고 다시 써야만 했습니다. 사전을 뒤적거리다가 다른 단어에 눈이 팔리다 보면 시간은 금세 흘러갔습니다. 조금 전에 찾았던 단어를 까먹어서 다시 찾으려면 짜증이 스멀스멀 올라오기도 했습니다.

다른 학과 공부도 해야 하니 잠을 줄여서 영어 번역숙제를 하는 수밖에 없었습니다. 밤을 새서 고민하는데 영어가 부쩍 느는 느낌이 있으면 얼마나 신나겠습니까? 떠오르는 아침 해도 반갑고 지저귀는 새소리도 영어소리 같으면 얼마나 좋겠습니까? 그러나 현실은 삽질한 후에 밀려오는 피곤함과 뻐근함만이 있을 뿐이었습니다.

그렇게 한 달이 흘러 꾸역꾸역 숙제를 하기는 했습니다. 아주 수려하고 읽기 좋은 번역물이 나올 리 없었습니다. 다시 쳐다보기도 싫은 괴발개발 번역공책을 영어시간에 펴 놓았습니다.

"자, 한 달 전에 나눠 준 프린트물을 보자."

영어 선생님은 프린트물을 들고 첫 문단을 읽기 시작했습니다. 그리고 띄엄띄엄 한국말로 번역을 해 내려갔습니다. 선생님은 한두 문단 정도를 하더니 돌발선언을 했습니다.

"재미없다. 이거 하지 말자!"

숙제를 전혀 안 했던 친구들 사이에서는 낮은 환호가 터져 나왔습니다. 다들 숙제검사를 할까 봐 내심 조마조마했기 때문입니다. 저도 숙제를 하긴 했지만 영 개판이라 낮은 환호를 마음속으로 외쳤습니다. 돌발선언을 듣고 나니 숙제검사를 받으며 글씨 지적부터 시작해서 구박받는 건 면했다는 생각이 들었습니다. 동시에 그동안 고생했던 한 달도 주마등처럼 스쳐지나갔습니다.

"대진아, 넌 숙제 다 했냐?"

옆에 앉아 있던 친구가 물었습니다.

"그래, 삽질했다."

친구가 측은하다는 듯이 저를 쳐다봤습니다. 전날에도 번역숙제 하느라 밤늦게 잔 저는 쉬는 시간에 책상에 퍼져 토막잠을 청했습니다.

한 달 간 완전 삽질을 했지만 그동안 들인 시간과 노력은 저를 배신하지 않았습니다. 일단 삽질 이후로 사전 찾는 속도가 배 이상 빨라졌습니다. 영어 문장을 한국말로 옮기면서 지우고 다시 쓰기를 수십 번 하다 보니 문장을 나누어 가며 한국말로 번역하는 방법도 자연스레 체득했습니다.

예컨대 "To these trusted public servants and to my family and those close friends of mine who have followed me down a long, winding road, and to all the people of this Union and the world, I will repeat today what I said on that sorrowful day in November 1963: I will lead and I will do the best I can."

1965년 1월20일, 린든 존슨 미국 대통령 취임사 중을 봅시다.

이걸 처음에는 "저는 오늘 이 신뢰받는 공무원들과 제 가족들과 저를 따라 험한 길을 걸어 온 절친한 친구들에게 그리고 이 연방과 세계의 모든 사람들에게 1963년 11월의 애통한 날에 제가 했던, 저는 이끌 것이고 최선을 다 하겠다는 말씀을 다시 드리고자 합니다"라고 하나로 번역해서 이해하려고 애썼습니다.

하지만 지독한 삽질 이후에는 "저는 신뢰받는 공무원들과 제 가족들에게 말씀드립니다/특히 길고 험한 길을 따라 온 제 친한 친구들에게도 말씀드립니다/그리고 미합중국과 세계의 모든 시민들에게도 말씀드립니다/오늘 드릴 말씀은 1963년 11월의 비통한 날에 드렸던 말씀의 반복입니다/저는 여러분을 이끌 것이고 최선을 다할 것입니다"라고 이해하기 시작했습니다. 하나로 만들어서 이해가 될 때까지 버벅거리던 시간이 줄었습니다. 제 머릿속에서 영어문장을 의미단위로 내용을 끊어, 빨리 잡아가도록 토대를 만들었습니다. 버퍼링이 상당히 빨라진 셈입니다.

고1 때 제 삽질은 결코 헛수고가 아니었습니다. 제 몸과 머리 밖에 있던 영어라는 모래산의 일부를 제 안으로 많이 옮겨 담는 수확을 거두었습니다. 오늘의 영어공부도 헛것이라 생각되십니까? 단어를 찾고 수십 번 써 가며 외우는 게 삽질이라고만 여겨지십니까? 아무도 알아주지 않는 공부는 다 헛고생이라 느껴지십니까?

우공이 산을 옮기는 법입니다. 아무도 보지 않는 여러분의 삽질이 언젠가는 모래산을 옮깁니다. 힘내서 삽질하십시오!

"삽질하다"

'삽질'을 의미 그대로 표현하자면 삽이 shovel이니까 'shoeveling' 혹은 'do the spade work' 정도가 됩니다. 하지만 이건 말 그대로 노동을 의미하는 '삽질'을 뜻하는 것입니다. '헛수고했다'는 의미로는 'Here you go again!' 정도가 적당합니다. '망쳤다'는 의미로는 'You messed up'을 쓰면 됩니다.

Ctrl+F의 위대함

앞서 컴퓨터로 시간을 떼울 때 활용할 수 있는 데이터베이스 작성법을 소개해 드린 바 있습니다"Ctrl+C와 Ctrl+V의 위대함" 참조. 하지만 영어 단어의 데이터베이스만 만들어 놓고 활용을 하지 못하면 말짱 헛일입니다. 무의미한 삽질로 그치고 마는 것입니다.

그런 삽질로 그치지 않으려면 **Ctrl+F**찾기 단축키도 자주 활용하십시오. 삽질로 열심히 단어를 찾고 데이터베이스화해 두어도 시간이 흐르면 단어나 표현을 잊어버리기 마련입니다. 그리고 문득 어떤 단어나 표현이 궁금한데 잘 떠오르지 않을 때가 있습니다. 마치 콧속에서 재채기가 나오지 않고 살아 움직이며 간질거리는 느낌처럼 말입니다.

이럴 때 시원하게 한번에 궁금증을 뚫어 줄 수 있는 열쇠가 **Ctrl+F** 키입니다. 알파벳순이나 단어의 범주별예 : 컴퓨터, 스포츠, 연예기사, 정치, 외교…로 정리를 해 두고 어떤 단어가 떠오르지 않으면 컴퓨터 자판에 **Ctrl+F** 단축키를 눌러 보십시오.

이렇게 정리를 해 두면 종이에 단어장을 만들어 두었다가 전체를 다 훑어 보며 찾아야 하는 번거로움을 덜 수 있습니다. 컴퓨터 앞에 앉아 있는 시간이 많은 현대인들에게 아주 편리한 영어데이터 활용법입니다.

데이터베이스를 만들며 자주 누르셨던 **Ctrl+C**복사, **Ctrl+V**붙이기와 더불어 Ctrl+F찾기도 자주 활용하시어 영어 데이터베이스 활용의 삼위일체를 완성하시기 바랍니다.

- 컴퓨터로 시간을 떼울 때 활용하는 영어 데이터베이스 활용법의 종합입니다.
- **Ctrl+C**복사로 궁금한 단어에 대한 컴퓨터 전자사전이나 인터넷 포털사전 내용, 예문을 긁어모읍니다.
- **Ctrl+V**붙이기로 엑셀파일에 단어별로 카테고리를 분류해서 갖다 붙여 둡니다.
- 시간이 흐르고 문득 궁금한 단어가 가물거릴 때 **Ctrl+F**찾기를 눌러 찾아가 봅니다.
- 단어나 표현을 찾는 과정에서 가물거렸던 기억이 확실하게 재생될 것입니다.

꼬부라진다고 다 똑같은 혀가 아니다

외국에 나가지 않아도 영어공부는 충분히 할 수 있습니다.
국내에서도 열정과 노력이 있다면 못할 게 없습니다.
국내에서든, 해외에서든 영어공부에 대한
열정과 노력이 중요합니다!

중3 때 대망의 꿈을 품었던 적이 있습니다. 바로, 조기유학이었습니다. 어렸을 적부터 치즈 껍데기를 보고도 마냥 신기해하고, 물 건너의 다른 세상에 대한 궁금증이 많았던 저는 어른이 되면 유학을 가보겠노라고 막연히 생각하고 있었습니다. 그런데 막상 갈 거라면 빨리 가도 좋겠다는 생각이 들었습니다. 때마침 당시에는 세계화 바람과 조기유학 열풍이 서서히 일어나던 시기였습니다. 그래서 부모님을 조르고 이리저리 길을 알아봤습니다.

하지만 비용도 만만치 않았고 지금처럼 조기유학 시스템이 완전히 자리 잡은 시절이 아닌지라 결국 뜻을 이루지는 못했습니다. 그 대신 돈을 차곡차곡 모아서 고1이 끝날 무렵인 1994년 말에 한 달 정도라도 어학연수를 가겠다는 차선책을 택했습니다. 이번에도 어머니는 자식 공부시키는 일이라 말없이 준비를 하셨습니다.

1년이 조금 지나 고1 겨울방학에 캐나다 밴쿠버로 첫 해외여행을 떠났습니다. 겨울인데도 밴쿠버 바람은 매섭지 않았습니다. 서울의 겨울 칼바람에 비하면 따뜻한 봄바람이었습니다. 홈스테이를 했던 집은 신발을 벗고 들어가지 않아도 되는, 영화에서만 보던 서양집이었습니다. 말도 다르고, 바람도 다르고, 사는 모습도 다르고, 사는 사람도 다른 그곳은 외국이었습니다. 일본, 대만, 중국, 브라질, 멕시코, 네덜란드, 프랑스, 벨기에의 각기 다른 모습의 청춘남녀들이 제가 등록했던 어학원에 와서 영어를 배우고 있었습니다. 난생 처음 제게 밀려드는 외국인 쓰나미였습니다. 그들 중에서도 저는 만16세로 가장 어린 축에 속했습니다. 먼저 연수를 와 있던 한 한국인 대학생 형이 궁금한지 제게 물었습니다.

첫 해외 나들이, 고1 겨울방학 때 밴쿠버에서

"너는 학교 어떻게 하고 여기까지 왔어?"

"전 3주 연수받고 남은 한 주는 여행하다가 돌아갈 건데요. 그럼 개학이에요."

제 대답을 들은 형은 "풉" 하고 웃음을 내뱉었습니다. 보통 어학연수를 오면 6개월에서 1년은 있다 가는데 최소 등록기간인 고작 3주 동안 공부해서 뭘 하겠냐는 비웃음이었습니다. 첫날부터 오기가 생기지 않을 수 없었습니다. 3주를 3개월처럼, 3년처럼 살다 가야 했습니다.

아침부터 밤늦게까지 한국인 형, 누나들보다는 외국인들과 주로 어울리려 노력했습니다. 저도 잘 아는 아버지 친구 분 가족이 밴쿠버에 이민을 와 계셨지만 그 집 신세는 웬만해선 지지 않으려고 했습니다. 따로 캐나다인 가정에 홈스테이로 머물렀습니다. 멕시코인 친구와 방을 나누어 쓰며, 다국적 파티가 열리면 밤새 따라 다니며 어울렸습니다. 영어로 말하는 것도 익숙하지 않고 외국인 파티문화가 낯설어 조용히 앉아 있는 경우도 많았습니다.

어떤 외국인은 제가 가만히 앉아 있으니 "Are you angry?" 화났어? 라고 묻기도 할 정도였습니다. 그래도 버티며 짧은 기간이나마 최대한 외국인 문화에 흠뻑 빠져들려고 했습니다. 그래 봤자 부족한 시간이기는 했지만 귀와 입이 그 전보다 훨씬 많이 트였습니다.

이 대목까지 보시고 어떤 분들은 '역시 외국에 갔다 와야 돼' 하고 생각을 하실 수도 있습니다. 하지만 전 고작 3주 연수였습니다. 그 3주를 3개월, 3년처럼 살아야겠다는 각오로 매달렸습니다. 캐나다에 3년을 머문다 할지라도 어학원도 빠지고, 외국인들과 어울리지도 않으면 그 결과는 뻔합니다.

3주 동안 연수를 받으면서 인상 깊었던 기억이 하나 있습니다. 어느 날 저녁파티가 있어서 다른 홈스테이 집에 갔습니다. 자정이 넘어 피곤하기도 해서 그 집에 머물던 한국인 의대생 형의 방에 올라가 잠깐 잠을 청했습니다. 잠시 후 그 형도 올라왔습니다. 그 형은 현지에서 벨기에 여학생을 사귀어 하루 종일 영어로 사랑을 속삭이던 사람이었습니다. 영어가 늘 만큼 늘었다고 다들 입을 모았습니다. 그런데 그 형은 그날 밤 바로 잠자리에 들지 않고 잠시나마 토플 책을 펴고 영어공부를 했습니다.

반면 어떤 한국인 형은 9개월째 밴쿠버에 있었는데, 계속 한국 담배만 찾고 소주를 찾아 마셨습니다. 그리고 같이 어울릴 다른 한국인 대학생들을 꾀는 데 여념이 없었습니다. 같이 혀가 꼬부라져도 벨기에 여성과 영어로 사랑을 속삭이느라 꼬부라지는 혀와 캐나다까지 와서 한국인들끼리 소주를 먹다가 꼬부라지는 혀는 분명 달랐을 것입니다.

　외국에 갔다 오느냐 마느냐가 중요한 게 아닙니다. 어디에 있든 얼마만큼의 열정과 노력을 쏟느냐가 중요합니다. 물론 외국에 있으면 자연스럽게 영어에 대한 열정과 노력을 쏟을 환경이 조성되기도 합니다. 하지만 그런 환경에 있어도 열정과 노력을 쏟아 붓지 않는 사람도 분명 많습니다. 이것은 분명 시간낭비, 돈 낭비입니다. 외국에 나가 본 적이 없어서 영어를 못 하는 게 아니라 영어를 제대로 공부하지 않아서 못하고 있는 건 아닌지 겸허하게 자기를 돌아봐야 합니다. 이것은 영어공부에 좋은 쓴 약이 될 것입니다. 불편하지만 외면해서는 안 되는 진실이 세상에는 있는 법입니다.

지역마다 다른 자동차 번호판 license plate

캐나다에 처음 가니 지역별로 번호판이 다른 자동차가 눈에 띄었습니다. 밴쿠버가 속해 있는 British Columbia 주의 자동차는 차량번호 밑에 'Beautiful British Columbia' 아름다운 브리티쉬 컬럼비아라는 주의 별칭이 적힌 번호판을 달고 다녔습니다. 불어를 쓰는 퀘벡 주에서는 'Je me souviens' 기억할게요라는 불어 번호판을 달고 다녔습니다. 미국에서도 주마다 특색있는 번호판을 씁니다. 하와이주는 'Aloha State'를, 뉴욕주는 'Empire State' 같은 각 주의 별칭을 딴 번호판을 달고 다닙니다. 그리고 특정문구를 제외하면 번호판에 들어갈 개인 문구도 넣을 수 있다고 합니다. 미국이나 캐나다에서 온 원어민과 얘기할 때 한번 써 먹어 볼 수 있는 대화주제이기도 합니다.

각 주마다 다른 미국 자동차 번호판

헬로우 큰절

영어권 문화나 관습에만 너무 얽매이지 마십시오.
우리 문화와 전통을 적절히 섞어 가며 의사전달을 해도
모두 통합니다. 사람을 대하는 성의 있고 진실한 마음이
영어에도 실려 전달되는 게 중요합니다!

같은 서울 하늘 아래 완전히 이국적인 풍경이 펼쳐지는 곳이 있습니다. 바로 용산 미군기지입니다. 계획대로라면 이 기지는 2010년대에 평택으로 이전을 완료할 것입니다. 그러나 1940년대부터 미군이 주둔하면서 남겨 둔 유산은 한동안 남아 있으리라고 생각됩니다.

단순히 기지 터와 구조물 이야기가 아닙니다. 용산 옆에 자연스럽게 외국인 해방구처럼 자리 잡은 이태원 문화는 어디 가지 않을 것입니다. 외국 공관들이 많이 들어서 있는 용산 옆 한남동의 분위기도 어디 가지 않을 것입니다. 그리고 저 같이 어린 시절부터 용산에는 미군 전용기지가 있다고 인식해 온 사람들 머릿속에서는 쉽사리 그 흔적이 지워지지 않을 것입니다.

저는 고등학교 시절에 영어를 배우겠다고 미군기지 근처를 어슬렁거린 적도 있었습니다. 제 주변머리로는 미군부대에 들어가서 미국

서울 한복판의 용산 미군기지

인에게 직접 영어를 배운다는 걸 생각도 못했습니다. 그런데 제 친구 중에 미군부대의 미국인에게 영어를 배우는 놈들이 있었습니다. 신기해서 물어 봤고 그들을 따라갔습니다.

한강대교를 지나 서울역으로 가는 대로변에 용산우체국이 있었습니다. 그 우체국 사이 길로 조금 따라가다 보니 철문이 나왔습니다. 한국 군부대의 철문과는 달랐습니다. 제가 살던 서울 시흥동 고개에 군부대가 있어서 어린 시절부터 부대 정문을 많이 봤습니다. 그 부대 정문은 학교 정문과 마찬가지로 달랑 철문 하나였습니다.

그런데 미군부대 철문은 이중 회전문과 일반 철문 두 개로 되어 있었습니다. 사람과 차가 드나드는 곳이 달랐습니다. 일반 철문으로 차가 다니고, 이중 회전문으로 사람이 다녔습니다. 이중 회전문도 나가는 문과 들어오는 문이 다르게 되어 있었습니다. 한국 속에 있었지만 미국은 역시 멀게 느껴졌습니다.

"Hey, guys!" 안녕, 얘들아!

육중한 회전문을 밀고 들어가 친구와 잠시 서 있으니 뚱뚱한 백인 아주머니가 나와 인사를 했습니다. 우리에게 영어를 가르치는 미국인 장교부인이었습니다. 그분이 나와 확인을 해야 우리는 부대 안으로 들어갈 수 있었습니다. 미군 부대 안에 사는 미국인의 신원확인이 있어야 저희 같은 외부인은 출입이 가능한 이른바 '에스코트 시스템'이었습니다. 그렇게 첫발을 내딛은 용산 미군기지는 완전히 다른 세상이었습니다.

한발만 나가면 서울 용산의 거리인데 다니는 차들도 다르고 사는 사람들도 달랐습니다. 바깥 서울거리에서는 차를 먼저 보내고 사람이 기다려야 했지만 미군기지 안에서는 차들이 무조건 먼저 섰습니다. 찻길을 건너려다 머뭇거리던 제게 운전석에 있던 미군 병사는 지나가라고 손짓을 했습니다. 이미 앞에는 미국인 장교부인과 제 친구가 길을 건너고 있었습니다.

부대 내 관사는 모두 단층으로 지어져 있었습니다. 단층이었지만 부대관사라 그런지 꽤나 단단하고 절도 있어 보이는 갈색 벽돌집이었습니다. 집 앞에 넓은 도로가 잘 정비되어 있었고 잔디밭도 펼쳐져 있어서 제가 보던 서울의 여느 주택가 풍경과는 사뭇 달랐습니다. 비좁은 시장 골목길 주택단지도 아니었고 쭈뼛쭈뼛 하늘로 치솟기만 한 아파트 단지와도 달랐습니다.

집안에 들어서자 냄새도 달랐습니다. 냄새에서도 노란색이 느껴지고, 아련한 향수냄새도 나는 것 같았습니다. 서양의 향기가 이런 것이려니 하는 짐작을 했습니다. 친구 둘은 전부터 그 집 출입을 하던 터라 금발의 파란 눈을 가진 그 집 아이들과도 친분이 있었습니다. 저는 엉거주춤 "Nice to meet you"를 했고 그 집에 있던 미국인 가족 누군가가 먼저 나에게 "Nice to meet you"를 하면 조건반사적으로 "Nice to meet you, too"를 내뱉었습니다.

그러다가 그 집 주인남자 어른을 맞닥뜨렸습니다. 미 육군 대령쯤 되는 걸로 기억합니다. 일요일이었지만 부대행사가 있었는지 정복을 입고 외출했다 막 돌아오는 길이었습니다. 저는 한국식으로 공손히 인사했습니다. 한국식으로 따지다 보니 처음 만난 어른께 "만나서 반갑습니다"Nice to meet you를 하는 게 조금은 건방지다는 생각이 들었습니다. 그래서 "안녕하십니까"Hello라고 공손하게 인사를 했습니다.

그런데 이게 웬일인지 한국식 습관에 따라 허리 숙여 90도로 큰절을 하고 있었습니다. 모양새가, 꼿꼿이 허리 펴고 악수해야 할 "hello"를 입으로 얘기하면서 머리는 숙여 배꼽인사를 하고 있었습니다. 주변에서 왠지 친구들이 쿡쿡거리며 웃는 소리가 들리는 것도 같았습니다.

"Have a seat, have a seat~"앉아, 앉자.

백인 대령 아저씨는 사람 좋은 미소를 지어 보이며 자리를 안내했습니다. 그 전까지 원어민과 제대로 대화를 나누어 본 적이 별로 없던 저는 첫날 식은땀을 흘리며 수업을 따라갔습니다. 수업이라고 해도 영어 회화를 직접 해 본다는 의미 외에 더 새로운 표현을 배우지는 않았습니다. 전문 영어 교육자가 아닌 장교부인이 부업 삼아 하는 일이고 저희도 학교수업 외에 '부업'으로 하는 공부였습니다. 수업 같다는 느낌보다는 미국인 가정방문 및 문화체험 같은 느낌이었습니다.

일요일 오후 늦게 수업을 하는데 한번은 그 집의 저녁으로 아주머니 선생님이 파스타를 만들었습니다. 그 집 어린 아이가 배가 고프다며 우리가 공부하는 식탁 옆에서 먼저 한 그릇을 비우고 있었습니다. 그 때 아주머니 선생님이 "Will you try it?"먹어볼래?라고 물었습니다. 한 친구가 얼결에 "No"라고 답했습니다. 서양인의 문화적 특성상 두 번 권하는 일은 없었습니다.

한국 엄마들은 한 번 사양해도 두 번, 세 번 다시 권해 결국 배터지 도록 먹이고 마는데, 서양 엄마들은 달랐습니다. 그날 수업이 끝나고 집에 돌아오는 길에 얼떨결에 "아니오"를 말한 친구는 계속 우리들의 타박을 들어야 했습니다.

"너 때문에 파스타 맛도 못 봤잖아!"

"그럼, 니들이 한 젓가락 달라 그러지!"

"야, 그걸 다시 어떻게 얘기하냐? 그리고 그런 말 창피하지 않고, 자연스럽게 할 정도면 내가 영어공부하러 여기를 왜 다니냐?"

문화체험을 한다는 느낌으로 다녔지만 막상 문화적 차이를 몰라 파스타 한 젓가락도 얻어 먹지 못하고 나온 남자 고등학생 셋은 배가 고파서 지들끼리 다투었습니다. 결국 그들은 용산역 앞에서 계란빵을 사 먹었습니다.

다른 생김새에 다른 말을 쓰는 사람들 사이에서는 다른 문화가 있기 마련입니다. 그래서 저의 '헬로우 큰절'이 어색해 보였을 것입니다. 그리고 백인 아주머니가 파스타를 주지 않은 것도 그들 관습에 따르면 사실 야박한 것도 아닙니다. 사양하는 상대에게 자꾸 권하는 게 오히려 실례가 된다고 그들은 생각하니 말입니다.

우리가 영어를 할 때는 그들의 말에 젖어있는 분위기와 문화적 차이까지 이해하고 접근해야 완전한 의사소통이 가능합니다. 그런데 한국에서 나서 한국에서만 자란 대개의 한국인들이 언제, 어떻게 그 문화적 차이를 익히고 배울 수 있겠습니까? 그래서 큰 실례가 되는 범위가 아니라면 당당해질 필요가 있다고 봅니다.

저의 '헬로우 큰절'이 어색해 보이지만 사실 내용상 어른께 예를 표한 것이기에 나쁜 건 아닙니다. 1883년에 미국에 갔던 고종高宗의

조선의 외교사절단과 미국 대통령의 만남을 보도한 1883년 당시의 미국신문

외교사절단 일행이 미국 대통령을 만나 호텔 접견실에서 상감마마 대하듯 큰절을 올렸던 일이 있습니다. 그보다 23년 전에 일본 외교사절단이 목례와 악수로 예를 표한 적이 있어서 조선 사절단의 큰절은 당시 미국에서 황당한 일로 받아들여졌다고 합니다. 당시 우리의 국가지도자가 바깥 문물에 어두워 그 같은 일을 행했다고 해석하면 부끄러운 일이 될 수도 있습니다. 하지만 조선사절단 입장에서는 표할 수 있는 최고의 의전을 상대국 원수에게 행한 것입니다.

거기에 덧붙여 "조선에서는 임금께 이렇게 예를 올립니다. 우리 임금께서 미국의 임금께도 똑같이 예를 올리라고 하셨습니다"라고 설명하며 큰절을 했다면 문화적 특성을 알리는 외교행위로 기록되었을 수도 있었을 겁니다.

무조건 남의 관습을 따르는 게 능사만은 아닙니다. 우리 관습이 있다면 적절히 섞어 가며 당당하게 대처하는 것도 한국 토박이들이 세계화 시대를 살아가는 한 방법입니다. 상대에 대한 존중감과 배려를 바탕으로 그들의 문화적 특성을 해치지 않는 범위 내에서 우리의 문화적 특성을 살려 나가는 것이 중요합니다. 고종의 특사 일행이나 저도 '헬로우 큰절'을 올릴 때 우리나라의 예를 설명할 수 있었으면 좋았으리라는 생각이 듭니다.

박찬호 선수가 처음 메이저리그에 진출했을 때의 일입니다. 마운드에 등판할 때마다 주심께 목례를 올렸습니다. 한국에서 늘 하던 대로 말입니다. 미국에서는 보기 드문 광경이었습니다. 그러나 한 심판은 언론 인터뷰에서 "이상하지 않았다. 경기의 주심인 나를 존중해 주는 것 같아 좋았다"는 반응을 보였습니다. 아무리 문화적 차이가 있더라도 사람의 마음은 거의 비슷합니다. 자기를 존중해 주는데 싫어할 사람은 없습니다.

영어는 존칭 없이 다 "You"로 한다거나 이름으로 부르면 그만이라고 해서 껌 씹듯이 쉽게 찍찍거리지 마시기 바랍니다. 한국의 복잡한 높임말에 완고하게 매달릴 필요는 없지만 적절히 그 개념을 조합해 가며 영어로 상대방과 의사소통한다면 훨씬 부드러운 대화가 이어질 수 있습니다.

실제로 외국인 파티에 가서 나이 지긋하신 그 집 주인 할머니께 깍듯이 "ma'am"을 붙였더니 권하는 음식량이 달랐습니다. 고등학교 때 미군 집에서 파스타 얻어 먹지 못해 배고팠던 한을 그 때야 풀었습니다.

"괜찮습니다"

배가 부른데 외국인이 음식을 더 권합니다. 그냥 'No'라고 불쑥 이야기할 수도 있습니다. 하지만 그것보다는 하나 더 붙여서 살짝 웃으며 이렇게 말씀해 보십시오. 'No, thank you.' 거절의 의미지만 상대의 호의를 고맙게 받아들인다는 뜻을 담아 말하는 게 중요합니다. 파티장이나 잔칫집 분위기를 괜히 깨뜨리지 않는 표현입니다.

영어와 결별 그리고 다시 만남
대학교와 대학원 시절

턱걸이 영어

영어를 아무리 잘해도 안 쓰면 실력이 퇴보합니다.
자주 쓰고 반복하는 일을 잊지 마십시오!

 삽질했던 번역숙제와 밴쿠버 연수, 미군가정 체험학습 덕에 고등학교 시절에는 영어실력이 부쩍 늘었음을 체감할 수 있었습니다. 하지만 제 영어실력을 측정할 수 있는 건 수능영어와 내신영어 정도였습니다. 지금처럼 외국어우수자전형 같은 다양한 대입전형이 있던 때가 아니었습니다. 토익, 토플을 공부하며 고교영어 이상의 수준에 도전할 필요가 없던 시절이었습니다.

 그저 수능 모의고사에서 외국어를 거의 만점 받는 걸 퍽이나 자랑스럽게 생각하는 정도였습니다. 하지만 저는 수학이나 과학을 잘 하지 못했습니다. 대입시험 전체 점수가 좋지 않아 재수를 해서야 서울 시내의 한 대학에 들어갈 수 있었습니다. 들어간 학과도 법학과였습니다. 법대에서는 우리나라 법을 공부하면 되는 것이기 때문에 특별히 영어책을 볼 일이 없었습니다.

다른 과 친구들은 원서교재로 공부를 한다고 난리였는데 법대만큼은 무풍지대였습니다. 한국외국어대학교를 다니고 있었음에도 타 학교 학생들에게 듣는 질문은 늘 "외대에도 법대가 있어요?"였습니다.

제 개인적으로도 영어공부보다는 사회과학 동아리 활동을 하며 동서양 고전이나 사회비평서를 읽는 데 많은 시간을 보냈습니다. 체질적으로 고시공부는 잘 맞지 않는 것 같아 하지 않았습니다. 뒷바라지를 바랄 만한 넉넉한 집안 자손도 아니라서, 몇 년씩 고시공부를 한다고 버틸 꿈도 못 꾸었습니다. 집안에 돈이 없으면 마음이라도 편해야 하는데 십수 년째 투병 중인 아버지와 시장에서 장사하시는 어머니 생각에 괜한 우울함은 잘 가시지 않았습니다. 게다가 대학 새내기 시절부터 IMF 외환위기를 맞아 낮에는 학교를 다니고, 밤에는 학비와 용돈을 벌려고 아르바이트 하기에도 바빴습니다.

법대 학과 공부와 동아리 활동에서 했던 사회과학 공부가 대학시절 공부의 전부였습니다. 영어가 파고들 틈이 거의 없었습니다. 그렇게 4년을 보냈습니다. 주위 친구들은 외환위기 이후 가속화된 개방의 물결에 대응하느라 1년씩 휴학을 하고 어학연수를 다녀오기도 했습니다. 하지만 저는 휴학을 하고 학교를 떠나면 다시는 돌아오지 못할 것 같아 8학기를 내리 쉬지 않고 다녔습니다. 휴학하고 학비 벌다 보면, 집안 사정을 모른 척할 수 없어 번 돈을 집에 꼴아 박고 학교에 못 돌아올 것 같았습니다. 어머니도 학교는 쉬지 말고 다니라고 강권을 하셨습니다.

돈을 벌며 학교를 다니기에도 벅차다 보니 영어공부는 자연스럽게 우선순위에서 밀려났습니다. 필수로 들어야 하는 외대 실용영어 시간에 두어 학기 출석하는 게 전부였다고 해도 과언이 아닙니다. 실용

영어는 다른 과 학생들도 같이 듣는 외대 전체 학생의 교양필수과목이었습니다. 그런데 거기서도 법대 학생끼리 모여 있는 그룹은 상대적으로 수업시간의 방랑자, 수업내용을 못 알아 듣는 블랙홀이었습니다.

한번은 이런 법대 후배도 있었습니다. 학기말에 하는 영어 말하기 발표 시간에 그 후배는 헬멧을 가지고 들어왔습니다. 한 가지 주제로 1~2분 정도 영어로 말하는 시간이었습니다. 학생과 원어민 강사 앞에 선 그 후배는 헬멧을 들고 이야기했습니다.

"This is a helmet." 이건 헬멧입니다.

보통 다른 학생들 같으면 헬멧의 용도를 설명하고 자기가 오토바이를 타고 다니는데 이게 얼마나 자기에게 소중한지를 영어로 말했을 겁니다. 그런데 그 후배는 다짜고짜 그 헬멧을 쓰더니 얼굴 부분의 뚜껑을 번쩍 올렸다 내렸다하며 소리쳤습니다.

"open! close! open! close!"

이후 그 후배의 별명은 '실용영어의 전설'이 되었습니다. 법대 주위 환경도 이렇고 영어공부에 대한 제 흥미와 의지도 그리 높지 않았던 터라 영어실력은 느는 것 없이 정체되어 있었습니다. 영어공부를 열심히 하던 다른 법대 분들은 저와 다른 경험과 느낌을 가지고 계실 수도 있습니다. 그러나 대학 시절 제 개인적 기억으로는 외대 속에 비외대인 같은 생활을 했습니다.

사정이 이렇다 보니 졸업시험에서 문제가 생겼습니다. 외대의 영어 졸업시험은 어렵기로 유명했습니다. 토익이나 토플 같은 공인영어성적으로 대체가 가능했는데 그 기준점수도 꽤 높았습니다. 어차피 공인영어성적이 따로 없던 저는 법대 영어졸업시험에 응시했습니다. 40점 만점에 24점이 최저 합격선인 걸로 기억하고 있습니다.

그런데 시험지를 받아드니 눈앞이 깜깜했습니다. 모르는 단어 투성이에 지문도 엄청 길었습니다. 법대 학과시험을 볼 때는 보통 법전을 참고할 수 있습니다. 그 습관에 젖어 있던 어떤 친구는 손을 들고 시험 감독에게 물어봤습니다.

"영어사전 봐도 됩니까?"

물론 말도 안 되는 질문이었습니다. 영어사전도 없이 펜만 굴리다 나온 법대 친구들은 한숨을 쉬며 재시험이나 준비해야겠다고 의견을 모았습니다.

시험성적 발표 날 공고를 보니 다행히도 저는 24점 턱걸이 합격점을 기록했습니다. 재시험을 안 보고 다른 법대과목의 졸업시험을 준비하면 되는 유리한 고지에 올라섰습니다.

저는 내심 숨을 돌렸습니다. 그렇지만 영어라면 꽤 자신 있었는데 어쩌다 이리 됐나 하는 생각에 밖으로는 깊은 한숨을 내쉬어야 했습니다. 정말이지 영어는 자주 쓰고 반복하지 않으면 안 되는 존재였습니다. 잃어버린 4년을 그 깨달음으로 마감했습니다.

"간신히 해 내다"

턱걸이로 간신히 무슨 일을 해 냈을 때는 어떤 표현을 쓸까요?
managed to를 써 주면 간단히 표현할 수 있습니다.
I managed to pass the exam. 겨우 시험 통과했다
He managed to meet the requirements. 그 사람은 간신히 자격조건을 맞추었다.

교양영어강좌 100% 활용하기

대학 다니던 시절 학생복지위원회의 그 많던 영어 교양강좌를 방학 때마다 꼬박꼬박 들었어도 '턱걸이 영어'의 고비를 맛보지 않았을 것입니다. 각 대학마다 학생복지위원회 차원에서 토플이나 토익, 텝스 등의 영어강좌뿐만 아니라 어휘암기 강좌 같은 교양영어강좌가 많습니다.

가까이 있어서 그 중요성을 잘 깨닫지 못하는 경우가 많은데 어차피 매일 가는 학교 공간 안에서 아주 저렴하게 영어강좌를 들을 수 있으니 결코 간과하지 마시기 바랍니다. 학교 밖으로 돌아다니려면 시간과 동선이 아주 복잡해지는데 이걸 단순화시키면서 영어강좌를 들을 수 있는 방법입니다.

그리고 각 지역 주민센터나 지방자치단체별 문화원 등에서 영어회화교실 하나쯤은 거의 운영하고 있습니다. 지방자치 시대라 각 지자체가 경쟁적으로 주민을 위한 교양강좌를 많이 마련해두고 있습니다. 가격도 무료 혹은

대학교 방학 중 영어강좌 안내표

　매우 저렴한 수준입니다. 샐러리맨의 경우 시간대가 안 맞는 경우도 종종 있지만 더러 야간에 운영하는 교실도 있으니 눈에 불을 켜고 찾아보면 좋은 기회를 잡을 수 있습니다.

　평소 별로 가 보지 않는 우리 동네 주민센터, 우리 학교 학생회나 학생복지위원회 홈페이지에 들러 생활주변에서 영어강좌에 대한 목마름을 해결해 보시기 바랍니다.

- 인터넷에 '학복위' 학생복지위원회의 준말이나 내가 사는 동네의 주민센터를 검색합니다.
- 그 안에서 다시 '교양강좌' 혹은 '영어강좌' 등의 검색어를 입력합니다.
- 자기에게 맞는 영어교양강좌를 찾아 매일 가야 하는 학교 혹은 자기 집 주변에서 시간과 돈을 아껴 가며 영어공부를 해 나가시기 바랍니다.

"헬로우 에브리보디"

영어는 결국 수단입니다. 모국어로 된 풍부한
배경지식이 없으면 이 수단도 마음껏 활용하기 힘듭니다.
자신의 전문 분야에 대한 공부도 게을리하지 마시기
바랍니다.

엉거주춤 졸업시험을 마치고 학부과정을 졸업한 후 대학원에 진학했습니다. 대학원에서는 국제법을 전공으로 삼아 공부를 시작했습니다. 국제법을 전공하니까 해외원서도 많이 읽고 외국과의 조약도 영어로 공부해야겠다고 마음 먹었습니다.

학부 때도 마찬가지였지만 대학원 때도 제가 알아서 공부하지 않으면 얻을 게 아무 것도 없었습니다. 그래서 마음이 맞는 국제법 전공 선배들을 꼬드겨 세미나팀을 만들었습니다. 토요일 오전마다 팀 스터디도 하고 여름에 바닷가로 합숙세미나도 갔습니다.

하지만 국제대학원생들처럼 영어로 토론을 한다거나 원서를 읽고 세미나를 하는 경우는 거의 없었습니다. 국제법도 한국어 교과서와 논문들이 잘 나와 있었습니다. 석사과정을 따라가기도 힘든데 해외 자료와 논문을 소화하겠다고 덤벼드는 건 지적허영이나 보여 주기식

영어 낱말 게임 스크래블SCRABBLE

공부라고 스스로를 위로하며 지냈습니다.

그러나 영어 졸업시험 이후 약간의 자극이 있어 영어회화 학원에 잠시 다니기도 했습니다. 원어민 강사를 앞에 앉혀 두고 한국인 7~8명이 빙 둘러앉아 주거니 받거니 하는 수업이었습니다. 한국인끼리 둘씩 짝을 찌어 콩글리쉬로 지껄이는 시간도 꽤 많았습니다. '스크래블'이라는 영어 낱말 짜맞추기 게임도 처음 해 보았습니다. 염소처럼 턱수염을 기른 캐나다인 강사와 이야기를 하는 일도 나쁘지 않았습니다.

대학 1,2학년 때 실용영어를 해 보고는 원어민과 대화하는 게 거의 처음이었습니다. 대학원생이 되었으니 뭔가 열심히 다르게 생활해야겠다는 의욕이 솟아났습니다. 그 의욕에 불을 붙인 일이 또 하나 있었습니다. 대학원에 들어간 첫 여름방학에 외교통상부에서 국제법논문경연대회를 한다는 공고가 난 것입니다. 최우수상 수상자에게는 외교부장관상과 함께 헤이그 아카데미 국제공법과정 수강료와 체재비가 지원된다는 내용이었습니다.

몇 달 간 이루어진 논문심사와 최종 프리젠테이션 경쟁을 마치고 그해 겨울에 최우수상 수상자로 선정되는 행운을 거머쥐었습니다. 덕분에 다음 해인 2003년 여름에는 외교부 지원으로 헤이그 아카데미 국제공법과정에 참석하러 길을 떠나야 했습니다.

헤이그 아카데미는 매해 여름 각국의 국제법 석학들을 초빙교수로 모시고 직접 강의를 듣는 연수기관입니다. 헤이그는 국제사법재판소

International Court of Justice와 약 50여 개의 국제기구가 자리 잡고 있어서 '세계의 법적수도'라고 불리는 도시입니다. 국제법학도라면 성지순례 하듯이 가 보고 싶어 하는 곳입니다.

성지순례를 공짜로 하게 되는 행운을 잡고 기분 좋게 그해 연말을 보냈습니다. 연말이 지나고 헤이그 아카데미 연수를 가기 전, 준비사항을 점검하다가 본격적으로 영어공부를 더 해야겠다는 생각이 들었습니다. 영어로 이루어지는 수업을 따라가기 위해서였습니다.

그래서 외대 앞에 있는 영어회화 공부방에 다녔습니다. 외대 실용영어 원어민 교수님이 지도를 하는 곳이었습니다. 대략 6개월 가량을 꾸준히 다녔습니다. 외국인들이 주로 하는 스탠딩 파티 체험도 수업 프로그램에 들어있었습니다. 영화에서만 보던 걸 실제로 해 보니 감이 조금 잡혔습니다. 헤이그 아카데미에 가면 각국 참가자들과의 리셉션도 있어서 촌티를 내지 않으려면 미리 연습을 해 둘 필요가 있었습니다. 일상생활을 위한 영어뿐만 아니라 사교영어까지 나름대로 준비해서 대망의 헤이그 아카데미 '성지순례'를 떠났습니다.

"헬로우 에브리보디."

Hello, everybody.

첫날 첫 수업 시간에 맞닥뜨린 영어였습니다. 암스테르담 대학에서 온 국제법 교수의 강의 첫인사였습니다. 제가 익숙하던 경쾌한 미국식의 "헬로우, 에블바

헤이그 아카데미와 국제사법재판소가 있는 헤이그 평화궁
Peace Palace

리~"라는 인사 대신에 독일어와 가까운 네덜란드어 발음이 듬뿍 묻어난 인사였습니다. 한 음절, 한 음절 똑똑 끊어지는 유럽식 영어였습니다.

첫 강의가 끝나고 주변에 있던 학생들과 인사를 나누었습니다. 국제법 전공 학생들뿐만 아니라 여름휴가 겸, 공부 겸해서 헤이그에 온 각국의 법조인들과 외교관들도 다수 섞여 있었습니다. 각각의 나라 억양이 섞인 프렌치 잉글리쉬, 멕시칸 잉글리쉬, 스페니쉬 잉글리쉬, 차이니스 잉글리쉬 등을 해댔습니다. 고등학교 때 밴쿠버에서 맞아본 외국인 쓰나미 이후 가장 다채로운 외국인 버라이어티였습니다.

저는 애써 한국에서 배운 미국식 발음을 하느라고 버터를 꾹꾹 바른 억양과 리듬으로 영어를 했습니다. 그렇게 첫 하루를 보냈습니다. 그날 오후에 수업이 끝나고 숙소에서 신을 실내용 슬리퍼를 사기 위해 헤이그 시내를 돌아다니다가 문득 이런 깨달음을 얻었습니다.

'난 오늘 혀를 굴린다고 굴려서 영어로 말했지만 다른 외국인들이 듣기에는 결국 코리안 잉글리쉬 아니겠어? 내가 다른 나라 사람들이 말하는 영어가 미국인이나 영국인과 똑같지 않다고 생각하는 것처럼 말이야. 오늘 네덜란드 교수도 헬로우 에브리보디 하잖아. 난 여기 영어공부하러 온 게 아니라 국제법 공부하러 온 거지. 국제법에 관련된 전문용어와 표현만 제대로 알아도 배워 가는 게 있겠지.'

서울에서 떠나오기 직전까지도 영어로 모든 생활을 해야 되는 상황을 상상하며 파티용 사교영어까지 연습을 해 왔습니다. 하지만 정작 중요한 건 국제법 관련 영어였습니다. 영어는 결국 수단이라는 걸 다시금 깨달았습니다.

영어 자체를 업으로 삼거나 전공으로 삼지 않는 이상 자기의 해당 분야와 관련된 전문용어와 표현을 집중적으로 익히는 것이 외국인으로서 할 수 있는 효율적인 공부목표이자 방향입니다. 물론 문화적인 소통과 이해까지도 욕심을 내어 교양 있는 원어민에 가깝게 영어를 구사하도록 노력은 해야 합니다. 하지만 몇몇 특별한 이유가 있는 경우를 제외하고는 모두가 그 수준에 이를 필요는 없어 보입니다.

중요한 건 모국어로 된 배경지식입니다. 저 같은 경우도 헤이그에 갔을 때 한국어로 된 국제법 배경지식이 있었으니까 영어로 된 국제법 전문용어와 표현도 금세 익히며 수업을 따라갈 수 있었습니다. 얼토당토않게 영어로 진행하는 의학세미나나 물리학 연수과정에 가있었더라면 백번 깨어나도 하지 못했을 일입니다.

헤이그에 와 있던 각국의 국제법 전공자, 법조인, 외교관들도 미국인이나 영국인 같은 유려한 영어를 쓰지 않더라도 국제법이라는 공통분모가 있었기에 충분히 의사소통이 가능했습니다. 네덜란드 국제법 교수도 영어 자체를 원어민처럼 부드럽고 수려하게 발음해야 한다는 강박증이 있었다면 당당하게 "헬로우 에브리보디"를 전 세계 학생들 앞에서 말하지 못했을 겁니다.

저는 개인적으로 반기문 유엔 사무총장의 충청도 잉글리쉬를 좋아합니다. 평생을 외교관으로 일하며 쌓아 온 경험과 배경지식이 있기에 수려한 발음으로 영어를 말하지 않더라도 국제회의장과 기자회견장에서 아무런 문제없이 의사소통을 합니다. 그리고 유엔 사무총장이 쓰는 표현과 단어이기에 외교영어의 표준

반기문 유엔 사무총장도 국내파 영어 학습생이었습니다.

처럼 인용되기도 합니다. 저같이 한국에서 나고 자라며 영어를 공부한 사람들에게는 희망이 되는 일입니다.

  문제는 그 희망을 실현시키기 위해 각자 개인이 기울여야 할 노력과 실천입니다. 우선 각자의 필요와 전공에 맞는 부분부터 집중적으로 배경지식을 쌓아야 합니다. 그리고 그걸 영어로 바꾸어 가며 또 다른 세계로 이해의 지평을 넓히는 방향으로 영어를 대해야 할 것입니다. 영어라는 거대한 산맥을 타고 넘으려면 아무데로나 우선 올라갈 게 아니라 산맥을 더듬어 나갈 수 있는 지도와 나침반이 있어야 합니다.

  그 지도와 나침반이 바로 모국어로 된 배경지식입니다. 자기만의 지도와 나침반을 확실히 구해 두는 일이 영어공부를 해 나가는 데 있어서는 더없이 중요합니다.

"explore"

재차 강조하지만 영어라는 거대한 산맥은 모국어로 된 배경지식이라는 지도와 나침반을 가지고 끊임없이 탐구를 거듭해야 합니다. 이렇게 탐구를 거듭하고, 조사를 계속하고, 연구하는 경우를 표현할 때는 어떤 영어 단어가 좋을까요? 바로 **explore**입니다. 단순히 자연을 탐사하거나 우주를 탐험하는 차원의 표현뿐만 아니라 일상생활에서 문제를 연구하고 알아보는 걸 뜻할 때에도 유용하게 쓰입니다.

Explore your neighbors! 동네 한번 둘러보십시오!
The lawmaker is exploring this bill. 그 의원이 지금 이 법안을 검토 중입니다.

호흡 바꾸기

　모국어로 된 배경지식을 많이 쌓고, 자기 전문 분야에서의 영어표현도 아주 많이 안 다음에 해야 할 일은 무엇일까요? 교양 있는 원어민에 가까운 영어를 하기 위해 노력하는 일입니다. 그 노력의 첫 단계가 발음입니다.
　영 고쳐지지 않는다면 어쩔 수 없지만 그래도 노력은 해 봐야 합니다. 보다 나은 의사소통을 위해서 말입니다. 그 방법 중의 하나가 호흡을 바꾸어 보는 것입니다.
　지하철이나 광장에서 외국인들이 영어를 쓰면 갑자기 귀에 와서 확 꽂히는 경험을 해 보셨을 겁니다. 특별히 큰 소리로 이야기를 하는 것도 아닌데도 말입니다. 바로 한국어로 말할 때와 호흡법이 달라 공기를 가르는 음성의 파동이 다르기 때문입니다.
　영어는 주로 복식호흡을 할 때 더욱 자연스러운 리듬과 발음이 나옵니다. 우리는 보통 흉식호흡을 많이 합니다. 의학적인 설명을 다 제쳐두고 쉽게 보자면 흉식호흡이란 코로 숨 쉴 때 가슴이 부풀어 올랐다가, 숨을 내쉴 때 가슴이 내려앉는 호흡법입니다.
　반면 복식호흡은 배가 부풀어 올랐다가 내려앉는 호흡법입니다. 이때 코로 숨을 들이쉬면서 아랫배가 부풀어 올라오도록 해야 합니다. 윗배가 아닙니다. 복식호흡을 하면 숨을 깊이 들어 마시게 됩니다. 그리고 내쉴 때는 입으로 "스~" 소리를 내면서 숨을 뱉습니다. 이 복식호흡에 익숙해지면 배에서부터 소리를 끌어올린다는 느낌으로 영어

텍스트를 아무 거나 소리 내어 읽어 보십시오.

　가슴이 오르락내리락 하면서 영어 텍스트를 읽을 때보다 배가 오르락내리락 하면서 영어 텍스트를 읽을 때 훨씬 부드럽고 깊은 소리가 나온다는 걸 느낄 수 있습니다. 세 치 혀만 굴린다고 해서 부드러운 발음이 나오는 건 아닙니다. 호흡법까지 바꾸는 철저한 노력이 필요합니다.

　전 중3 때 복식호흡을 배운 후 제 영어발음이 조금 달라지는 걸 느낀 적이 있습니다. 여전히 된장발음이기는 했지만 친구들은 제가 한국말을 할 때와 영어로 말할 때 목소리 톤이나 느낌이 조금 달라진다고 했습니다. 하지만 그 이유는 정확히 몰랐습니다.

　후에 통역학원을 다닐 때 통번역을 전공하신 선생님이 서양인과 우리의 호흡법이 다르다는 걸 설명하셨습니다. 그때 '아, 그렇구나' 라고 고개를 끄덕였습니다. 그래서 군 생활 중에는 통역을 들어가기 전에 복식호흡을 몇 번 하고 자리에 앉기도 했습니다. 보다 부드러운 발음을 해 보려고 말입니다.

　그리고 복식호흡을 연습하면 폐활량도 좋아지고 노래도 잘 부르게 된다고 합니다. 덩달아 영어발음도 좋아질 수 있다면 한번 연습해 볼 만한 것 아니겠습니까? 책상 앞에 앉아있을 때 하루 1분이라도 복식호흡을 해 봅시다.

- 코로 숨을 들이마시면서 폐가 열리고 아랫배가 올라온다는 느낌이 들도록 숨을 한껏 들이마십니다.
- 잠시 호흡을 멈춘 후 입으로 숨을 내쉽니다. 아랫배가 내려앉는다는 느낌으로 천천히 숨을 내쉽니다.
- 몇 분 간 반복한 후 배에서부터 소리를 끌어올린다 생각하면서 영어 텍스트를 소리 내어 읽어 봅니다.

고속버스를 타는 심정으로

영어공부에 왕도는 없습니다.
틀리든 맞든 계속 부딪혀 보는 수밖에 없습니다.
방향이 정해지면 막 출발하는 고속버스 타고 간다는 심정으로
도전해야 합니다!

"형, 저 다음 주에 군대 가요."

"어? 갑자기 웬일로?"

"육군통역장교 시험 봤던 게 있었어요. 안 된 줄 알았는데 오라고 연락이 와서요. 그래서 급하게 가게 됐습니다."

"그래 이거 얼굴도 못 보고 바로 가게 생겼네."

"몇 달 훈련받고 휴가 나오면 연락드릴게요. 곧 뵈요!"

스물아홉 살이 되던 해에 저보다 한 살 어린 한 후배의 전화를 받았습니다. 전화를 끊고 나서 생각하니 통역장교라는 게 묘하게 끌리기 시작했습니다. 때마침 저도 군대를 가야 하는 시점이었습니다.

헤이그에 다녀오고 국제법 석사졸업을 한 후 잠시 국회 국방위원회 인턴연구원 생활을 하다 보니 벌써 스물아홉 살이 되어가고 있었습니다. 그런데 그 무렵 17년 가까이 중풍으로 투병생활을 하던 아버지

가 위암선고까지 받으셨습니다.

지금 바로 군대에 가게 되면, 몇 달밖에 살지 못하실 거라는 아버지 임종도 까닥하면 못 지킬 판이었습니다. 그래서 장교시험 준비로 군 연기 카드를 꺼내 들고 몇 달 간 버티기로 했습니다.

워낙 나이가 많은 상태에서 군대에 가는 거라 그 전부터 장교로 입대해야겠다는 마음은 늘 먹고 있었습니다. 대학원 다니던 중간에 해군 사관학교 법학교관, 공군장교, 육군장교 시험도 본 적이 있었습니다. 줄줄이 낙방했습니다. 그러다 보니 장교시험에 대한 두려움이 있었습니다. 그래도 달리 길이 없는 상태였습니다.

통역장교로 먼저 간 그 후배에게 다시 전화를 걸어 어떻게 준비해야 하는지를 물었습니다. 강남에 있는 한 통번역 어학원을 소개해 주었습니다. 통역대학원 입시를 준비하는 사람들이 다니는 학원이었습니다.

외대를 다니던 시절에 통역대학원 건물에 딱 한 번 들어간 적이 있었습니다. 그 곳은 건물 바깥의 자유롭고 여유로운 캠퍼스 분위기와 사뭇 달랐습니다. 한 학생은 입에 칫솔을 물고 어깨에 수건을 걸친 채로 영어책을 보고 중얼거리며 복도를 지나가고 있었습니다. 복도에 있는 사물함에는 책이 한가득 쌓여 있었습니다. 다들 무언가에 열중해 있고 여기저기서 모여 공부를 하는 무리들이 보였습니다. 다른 단과대 건물에서는 시험 철에나 볼 수 있는 풍경이 펼쳐지고 있었습니다.

그런 통역대학원에 들어가려고 공부하는 사람들이 모여 있는 학원을 다니는 게 통역장교 준비의 시작이었습니다. 2005년 8월 1일, 일단 상담이라도 받아보려고 강남의 어학원에 갔습니다. 3시 20분쯤 도착했는데 안내데스크에서 보니 3시 30분 수업이 하나 있었습니다.

'어차피 통역장교 시험 보려면 다닐 거 아니야? 그냥 시작하자!'

바로 등록을 해 버리고 강의실로 들어갔습니다. 고속버스터미널에서 바로 떠나는 차표를 끊어서 올라타는 심정이었습니다. 이미 행선지는 정해졌으니 바로 가는 차를 타고 출발해 보자는 마음이었습니다.

첫 수업에서 일단 세 번 놀랐습니다. 괜히 맨 앞자리에 앉았다가 새로 온 학생에게 관심을 보이는 선생님이 "착잡하다"를 영어로 어떻게 표현하겠느냐고 질문을 던져 한 번 놀랐습니다. 두 번째로는 학생들 사이로 발표연습용 마이크가 쉴 새 없이 수건돌리기 하듯이 빙빙 돌아다니는 사실에 놀랐습니다. 세 번째로는 많은 학생들이 그 마이크를 피하지 않고 줄줄 발표를 하며 수업에 참가한다는 데 놀랐습니다.

버스를 타듯이 올라탔는데 제가 가야 할 길은 평탄한 아스팔트 고속도로가 아니었습니다. 영어라는 거대한 산맥의 구불구불한 암벽등산로에 들어선 것이었습니다. '내가 과연 할 수 있을까?'라는 생각만 들었습니다.

그런 생각뿐만 아니라 '해외파나 오래 공부한 고수들 앞에서 자꾸 틀려서 망신만 당하면 어떡하나?'라는 생각도 지워지지 않았습니다. 순수 국내파인 저를 처음에 괴롭힌 건 사실 청취도, 스피킹도 아닌 막연한 자신감 부족이었습니다. 그래서 첫 한 달 간은 발표신청도 못 하고 구경만 하고 다녔습니다. 그러다 더 이상은 안 되겠다 싶었습니다. 두 번째 달부터 스터디도 주도적으로 조직하고 공격적으로 틀리는 걸 즐기기로 했습니다.

뉴욕대 출신의 통역장교인, 스터디 파트너도 구했습니다. 그 친구는 어렸을 적에 이민을 간 경우라서 한국말이 다소 약했습니다. 스터디를 할 때 저는 영어를 계속 틀렸고, 그 친구는 한국말을 종종 틀렸습니다.

우리는 스스로를 '덤 앤 더머' Dumb & Dumber 라 부르며 편안하게 서로의 틀림을 즐겼습니다. 틀리는 걸 스트레스로 만들지 않고, 저희는 웃고 격려하며 서로서로 고쳐 주며 시간을 보냈습니다. 가볍고 편한 마음으로 그러나 성실하게 매일 통역 스터디를 했습니다.

그러다 보니 서서히 틀리는 게 줄어들기 시작했습니다. 아무리 웃으며 넘긴다지만 사람 앞에서 한 번 틀렸던 건, 책 보고 혼자 틀리고 넘어간 것과 달리 오래도록 기억에 남습니다. 이게 쌓이고 쌓이다 보니 실력이 되는 것이었습니다.

틀리는 건 분명 두렵고 창피한 일입니다. 그러나 두 번 똑같이 틀리고 실수하는 건 더욱 창피한 일입니다. 연습할 수 있을 때 많이 틀리고 정리해 두어야 실전에서 실력을 발휘할 수 있습니다. 영어를 못해서 바보가 아니라 안 해서 바보처럼 살았던 건 아닌지 깊이 생각해 볼 일입니다.

지금도 통역학원을 처음 가던 그 날 고속버스 타는 심정으로 그냥 올라탔던 걸 후회하지 않습니다. 사전조사 없이 올라탔지만 운 좋게 실력 있는 선생님과 성실한 스터디 파트너를 만났으니 더욱 더 후회는 없습니다. 영어공부라는 게 왕도가 있는 것도 아니고 되든 말든, 틀리든 맞든 계속 해 보고 부딪혀 보는 수밖에 없습니다.

이 생각, 저 생각 혹은 이 계산, 저 계산하며 시간만 보내는 것보다 방향이 정해지면 그냥 바로 떠나야 합니다. 흥겹고 즐겁게 여행을 떠난다는 심정으로 가는 겁니다.

비록 내가 올라탄 고속버스가 평탄한 길만 가는 게 아니라 구불구불한 비포장도로를 간다 하더라도 영어여행의 별미라 생각하고 가는 겁니다. 아예 안 할 거면 모르지만 해야겠다고 마음먹었으면 가는 겁니다. 영어라는 무지막지한 상대는 무지막지하게 대해야 통하는 법입니다.

"착잡하다"

통역학원 첫 수업을 마치고 나오는 심정이 딱 "착잡하다"라는 한마디였습니다. 그날 수업에서 선생님께 공개적으로 받았던 질문도 그것이었습니다. 전 그때 "feel sorry"라고 답했습니다. 틀린 건 아니지만 다소 모호하고 포괄적인 표현일 수 있습니다.

그때 통역선생님은 "have a bitter taste on one's mouth"라는 표현을 썼던 걸로 기억합니다. "feel sorry"라고 마음만 추상적으로 표현하는 것보다 입에 쓴맛을 느끼며 착잡함을 달래는 모습을 나타내는 시각적이고 촉감 있는 표현이었습니다. 무릎을 치며 고개를 끄덕였습니다. 무릎을 치고, 이마를 치고, 고개를 끄덕이는 일이 많아질수록 보다 좋은 표현이 우리의 것이 될 것입니다.

두 번째

그리고
나는
영어를
공부했다

영어공부 마음가짐과 준비

no를 거꾸로 쓰면 on

지금 스스로의 스위치를 'on' 하십시오.
'no'를 거꾸로 쓰는 순간 'on'이라는 스위치가 켜집니다.

'no'와 'know'의 공통점을 아십니까?
바로 발음이 똑같다는 겁니다. 둘 다 "노우[nou]"로 발음이 납니다. '아니다'라는 뜻을 가지고 있다고 해서 'no'를 딱 잘라 '노[no]'로 발음 하시면 안 됩니다. '아니다'와 '알다'라는 말은 분명 같은 영어발음을 가지고 있습니다.

영어를 알고know는 싶은데 여러 조건과 상황이 안 되는no 경우가 많습니다. 외국인으로서 영어를 배울 때 안 되는 상황에서도 알아 가야 한다는 점을 생각하면 no와 know의 발음이 같다는 게 우연만은 아닌 것처럼 여겨집니다.

안 되는 걸 알아 가야 하는 게 영어공부의 숙명입니다. 안 되는 조건과 상황 앞에서 실망하거나 낙담했던 경험이 한두 번씩은 다들 있으실 겁니다. 저 같은 경우는 크게 두 번의 고비가 있었습니다.

첫 번째 고비는 고등학교에 올라갈 무렵이었습니다. 중학교 때 나름 영어를 열심히 했고 회화 테이프 등도 많이 들으며 꽤나 실력을 갖추었다고 생각했습니다. 그런데 수능 영어문제집을 한번 풀어 보려는데 막막하기만 했습니다.

사실 중3 때까지만 해도 저는 사전을 잘 뒤적이지 않는 게으른 학생이었습니다. 그냥 단어장을 눈으로 보고 교과서에 나오는 모르는 단어도 대강 넘어가곤 했습니다. 그런데 고교 영어부터는 그게 통할 리가 없었습니다.

그래서 중3에서 고등학교로 올라가던 겨울방학에 사전 뒤지는 습관을 붙이기 시작했습니다. 풀어야 할 영어문제집은 쌓여 있는데 시간만 잡아 먹는 것 같아 불안하기 그지없었습니다. 사전 찾는 걸 'no' 하고 그냥 쉽게 해설집 보면서 'know' 해 나가자는 유혹이 마음에 늘 있었습니다.

하지만 꾹 참아 보기로 했습니다. 중학교 1학년 때 학교 영어 선생님한테 선물 받고 뽀얗게 먼지만 뒤집어쓰고 있던 사전이 불쌍해서라도 참아 보기로 했습니다. 사전은 3년을 기다렸는데 단어를 찾아 익히는 3분도 스스로 못 기다려서 되겠냐는 마음이었습니다.

지금 생각해 봐도 참 기특한 자세였습니다. 사람이 살다 보면 어쩌다 한 번씩 공부하고 싶은 마음이 든다고 하는데 아마 저한테는 그때가 그런 시점이 아니었나 싶습니다. 영어사전과 씨름한 그 겨울을 보내면서 저는 사전 찾는 방법을 터득해 나갔습니다.

두 번째 고비는 앞서 말씀드린 통역장교 시험 준비 기간이었습니다. 외국대학을 나오거나 어린 시절을 미국이나 영국에서 보낸 사람 아니면 통역장교 준비는 엄두도 내지 말라는 분위기가 강했습니다.

국내에서 나고 자라며 영어를 공부한 저는 어림없으리라는 'no' 신호를 주위에서 많이 보내 왔습니다.

"그냥 2년밖에 안 되는데 사병으로 후딱 다녀오지."

"너 영어 잘하냐? 영문과도 아니잖아."

"국내파면 많이 불리할 텐데."

대부분 말리는 쪽이었습니다. 일반장교로 시험을 보는 방법도 있었지만 퇴로를 열어 두지 않았습니다. '영어는 어차피 뭘 하든 간에 반드시 익혀 두어야 하는 것, 이번 기회에 잡자!'는 생각만 했습니다. 그렇게 몇 달 바짝 매달렸습니다. 결과는 'no'를 넘어 통번역 방법을 'know'해 가며 원하던 시험결과도 얻고 더욱 깊은 영어의 세계를 맛보는 것으로 끝났습니다.

영어를 'know' 하고 싶은데 생활 주변에 'no'를 외치는 요소가 너무 많습니까? 학교 영어 선생님이 도대체 마음에 들지 않습니까? 영어 시간만 되면 별나라, 꿈나라에 여행을 가 있는 것만 같습니까? 영어책을 놓은 지도 오래 됐고, 흥미를 잃은 지도 오래 됐고, 들어도 들어도 모르겠고, 읽어도 읽어도 모르겠습니까?

'no'라고 말하고 싶은 순간에 'on' 하십시오. 해도 해도 안 되는 것 같고, 앞으로도 별 가망이 없어 보인다고 생각하는 것은 그만큼 영어에 대해 많은 고민을 했기 때문에 나오는 생각입니다. 많은 고민 속에 이미 충분한 자양분이 쌓였습니다.

자신에게 맞는 방법을 찾아 노력을 한다면 그 자양분을 바탕으로 '영어'라는 꽃을 피울 수 있습니다. 지금 스스로의 스위치를 'on' 하십시오. 'no'를 거꾸로 쓰는 순간 'on'이라는 스위치가 켜집니다. 이제 그 스위치를 켜십시오.

영어공부에 흥미가 잘 안 생겨서 걱정입니다 --;;

Q 지금은 글로벌 시대잖아요. 취업을 위해서뿐만 아니라 세계를 무대로 활동을 하려면 영어는 정말 필수적인 아이템이라고 생각합니다. 그런데 영어공부에 흥미가 별로 안 생겨요. 문법이나 시험 위주로 공부하니까 재미가 안 생기는 것 같아요. 어떻게 하면 좋을까요?

A 영어공부를 할 때 맞닥뜨리기 쉬운 가장 근본적인 질문 중의 하나입니다. 영어가 필요하기는 한데 공부는 재미없는 이 상황을 어떻게 극복해야 하는가가 가장 풀기 어려운 문제입니다. 이런 고민을 장기간 지속하다 보면 그만 'no' 해 버리고 영어공부를 손 놓는 경우가 많습니다. 이럴 때 다시 'on' 할 수 있는 방법을 찾아야 합니다.

제가 권해드리고 싶은 방법은 자기의 일이나 관심 분야와의 연관성을 찾으시라는 겁니다. 질문을 하신 분은 대학교연합 기독교 동아리를 관리하고 운영하시는 간사 일을 하고 계십니다. 그 일을 살려서 대학생 분들과 대학생 연합영어예배를 만드는 시도를 해 보는 건 어떨까요? 국내 캠퍼스 선교도 있지만 대학생들을 중심으로 해외선교도 할 수 있는 거잖아요. 그럴 때 영어예배를 드리고 영어로 메시지도 전해야 하겠죠. 그 준비를 한다는 차원에서 영어예배를 드려 본다면 어떨까 싶네요. 요즘 영어예배를 드리는 교회가 많습니다. 인터넷에

매주 영어설교와 해설이 업데이트됩니다. 그 자료들을 참고하면 충분히 할 수 있는 일입니다.

물론 말만큼 쉽지는 않겠죠. 하지만 본인이 하고 있는 일을 더욱 심화 발전시키는 연장선상에서 노력이 더해져야 영어공부도 활력이 붙습니다. 일은 일대로, 학과 공부는 학과 공부대로 하면서 '영어공부를 위한 영어공부'만을 하다 보면 금방 질리기 마련입니다.

영어예배가 너무 큰 일 같다면 작은 출발로 영어성경을 바탕으로 말씀소식지를 만들어 보십시오. 영어공부와 성경공부가 같이 되는 방법을 찾아보는 겁니다. 이런 일들을 벌여 나가면서 차차 영어에 대한 거리감도 좁혀야 관심을 다시 'on' 할 수 있습니다.

제게 이 질문을 던지신 분의 경우뿐만 아니라 다른 경우도 비슷하리라 생각됩니다. 예컨대 마케팅 일을 하시는 분은 마케팅 원서를 놓고 읽고 싶은 부분부터 새까맣게 칠해가며 읽는 겁니다. 회사에서 보고서를 쓸 때 참고자료로 한 줄 인용해도 멋지겠군요.

학생의 경우 자기 전공과 관련된 원서를 정말 외울 정도로 독파해 보는 겁니다. 시험지 낼 때 영어원문도 그대로 한번 인용해서 써 보시고요. 조금은 돋보이겠죠?

중고등학생도 앞으로 전공하고 싶은 분야에 관련된 영어신문 기사를 오려서 씹어 먹을 정도로 보고 또 볼 수도 있습니다. 좋아하는 미국 드라마나 영화를 외울 정도로 반복해 보는 것도 좋습니다.

자기와의 관련성을 찾아서 그 부분부터 영어를 집중 공략해 나가는 것이 '영어공부를 위한 영어공부'를 피해 나가는 지름길입니다. 무턱대고 남들이 하는 대로 따라하지만 마시고 자기만의 색깔을 찾아 가시기 바랍니다.

'짧은' 영어, '긴' 국어

영어가 '짧다' 면, '긴' 국어로 일단 대처해 보시기 바랍니다.
모국어 배경지식의 중요성은 두 번 세 번
강조해도 지나치지 않습니다.

많은 이들이 'no' 하던 순간에 'on' 시동을 걸었던 저는 운 좋게도 통역장교 시험에 합격할 수 있었습니다. 하지만 무수히 많은 'no' 의 순간이 또 저를 기다리고 있었습니다. 해군통역관으로 임관해서 교육을 받으러 갔더니 그해에는 저 빼고 네 명의 통역장교 동기가 선발되어 들어와 있었습니다. 그중 세 명의 동기는 각각 미국, 영국, 호주에서 공부를 했던 사람들이었습니다. 나머지 한 명은 국내파였는데 한글을 깨우친 후부터 바로 어머니께 매일 한 시간씩 영어공부를 배웠던 경우였습니다.

저처럼 대학시절에 영어와 담을 쌓고 놀다가 통역학원 다니며 벼락치기로 공부해서 운 좋게 굴러들어온 사람은 없었습니다. 이런 상황에서 저의 경쟁력을 무엇으로 삼아야 할 것인가를 고민했습니다. 며칠 곰곰이 생각해 보니 이미 답은 있었습니다. 바로 제가 통역장교 시험을 준비하면서 세웠던 전략에 답이 있었습니다. 그건 배경지식의 활용이었습니다.

저는 통역장교 시험을 준비할 때 스스로 "한국말을 더 공부하자! 특히 외교안보와 국방 분야에 치중하자!"는 전략을 세운 적이 있습니다. 어차피 외국에서 대학 나온 사람들만큼 영어가 안 될 거라면 영어를 보다 알맞게 한국말로 옮기는 걸 비교우위로 삼자는 생각을 했습니다. 제 영어실력은 짧지만, 국어실력은 길지도 모른다는 기대감 섞인 분석을 바탕으로 전략을 세웠습니다.

군에서 통역장교를 뽑는 이유 중의 하나가 우리 측 장성이나 장교들을 위한 통역서비스 제공에 있다고 판단했습니다. 따라서 한국말을 유창하게 하는 것도 매우 중요하리라 예상을 했습니다. 그래서 시사주간지와 신문 등에서 통일, 외교안보, 국방 분야의 기사들을 특별히 챙겨 정확한 한국말 개념이나 표현을 기억해 두곤 했습니다.

게다가 다행스럽게도 저는 대학과 대학원에서 한반도 문제를 중심으로 한 국제법 공부를 주로 했기에 통일과 외교안보 관련지식이 있는 편이었습니다. 또 학교 졸업 후 국회 국방위원회에서 일한 적이 있어서 국방 분야 어휘와 개념도 익숙한 편이었습니다.

영어로는 길게 풀어서 설명이 되어 있어도 한국말로 간결하고 정확하게 정리하여 내용을 전달할 수 있는 기본 준비가 되어 있었던 셈입니다. 이 점을 십분 활용하여 통역장교 시험 준비를 했습니다.

이런 시험 준비를 한 후 해군통역장교 시험을 제일 먼저 치르게 됐습니다. 그 때 영한통역으로 만찬사 만찬 시에 축배를 제의하는 연설가 나왔습니다. 응시자인 저를 앞에 두고 세 명의 평가관이 앉아 있었습니다. 제일 좌측에 있던 미국 해군무관이 준비한 자료를 읽기 시작했습니다.

"Join me in a toast~~~~~" 축배를 제의합니다.

'toast' 축배라는 단어를 듣고 만찬사라는 걸 감은 잡았는데 다음이 문제였습니다. 군 전문용어들이 나오기 시작한 겁니다. 'c' commander 로 시작하는 사령관들의 약칭이었습니다. CNFK Commander of Naval Forces Korea 주한미해군사령관, COMROKFLT Commander of Republic of Korea Fleet 한국 해군작전사령관, C7F Commander of Seventh Fleet 미7함대사령관 등등의 용어가 나왔습니다.

해군에 입대한 후 교육을 받으며 정확한 명칭을 학습하기는 했지만 시험 당시까지만 해도 확실히는 모르고 있었습니다. 다만 'c'로 시작하는 단어들이 사령관 commander 을 칭한다는 정도로만 정리를 해 두었습니다. 그래서 그 부분은 "오늘 이 자리에 참석하신 여러 사령관님께 진심으로 감사드리며~"라는 식으로 처리했습니다. 순간 "잘못됐나"하고 평가관들을 바라봤는데 다들 살짝 미소를 띠며 고개를 끄덕거려 주셨습니다.

만약 거기서 준비가 안 된 상태로 약어의 의미를 생각하고 분석하며 머뭇거렸다면 영어도 못하는 게 한국말도 못한다는 평가를 받았을지도 모릅니다. 영어와 한국말을 똑같이 모국어처럼 쓴다면야 최상입니다. 하지만 그렇지 못하다면 논리와 문맥을 분석해서 모국어로 신속하고 정확하게 얘기할 줄 아는 것도 능력입니다. 영어에 자신이 없고 자기는 된장발음을 하는 토종 국내파라고 생각된다면 한국말을 더욱 논리적이고 세련되게 쓰는 연습을 해 볼 필요가 있습니다.

통역관 교육을 받을 때 몸속 깊은 곳으로부터 올라오는 버터발음이 없다고 구박도 많이 받았습니다. 그렇지만 배경지식을 바탕으로 정확한 한국어 어휘선정에 신경을 많이 쓴 덕에 그 부분에 대한 평가를 받으며 교육기간을 마칠 수 있었습니다. 영어가 '짧다' 면, '긴' 국어로 일단 대처해 보시기 바랍니다. 이가 없으면 일단 잇몸으로라도 살아가야 합니다.

영어를 잘하려면 꼭 외국에 가야 하나요?

Q 국어를 습득하는 과정처럼 영어를 습득하기 위해서는 반드시 영어권 국가로 떠나야 하나요?

A 반드시 그럴 이유는 없다고 말씀드리고 싶습니다. 서양인들의 문화적 습성까지 완벽하게 마스터하고 싶다면 장시간 영어권 국가에 체류해 볼 필요가 있습니다.

하지만 대개의 경우 그럴 만한 시간적 여유와 기회가 없는 게 현실입니다. 자기에게 필요한 영어만 공부하기에도 바쁜 게 현실입니다. 대학생이고 취업준비를 한다면 당장 필요한 토익이나 텝스 같은 공인영어성적 점수가 급할 겁니다. 영어로 먹고살 길을 찾는 게 아니라면 취업준비도 급한 상태에서 어학연수를 갔다 오면서 1~2년을 보내는 게 과연 효율적인 시간배분인가 하는 점도 고려해 봐야 합니다.

도피성으로 일단 어학연수라도 가서 시간을 벌어 보자는 방법은 그리 좋은 것 같지는 않습니다. 앞에서도 언급했지만 철저한 각오와 계획 없이 어학연수를 만만하게 생각하고 가서 그저 시간만 허비하는 경우가 생길 수도 있습니다 "꼬부라진다고 다 똑같은 혀가 아니다" 참조.

자기 전공이나 취업·진학 준비 분야에 대한 한국어와 영어 비교학습을 보다 철저히하는 게 전략입니다. 특정업무 분야에서 쓰이는 용어와 개념 등을 제대로 파악하여 대응하는 것이 업무영어에서는 더욱 중요한 부분입니다.

가령 금융권 외환 파트에서 일하고자 한다면 'treasury=보고寶庫'라고 일차원적으로만 알아서는 안 됩니다. treasury가 'The Treasury'라고 쓰일 때는 미국 재무부를 뜻한다는 사실도 알아두어야 합니다. 그래야 미국 발 증시동향 정보 등을 읽을 때 오역 없이 뜻을 파악해서 업무에 활용할 수 있을 것입니다.

이런 학습은 국내에서도 얼마든지 가능합니다. 인터넷과 한국의 발달된 어학원 시스템의 도움을 초기에 조금만 받으면 개인 스터디나 팀 스터디 등으로 충분히 자기 진로와 업무 분야에 연관된 영어는 마음껏 공부할 수 있습니다.

이를 뛰어넘어 영어 자체에 대한 감sense과 이해도를 넓히기 위해 해외경험을 많이 쌓으면 좋겠지만 지금 당장 그럴 수 없는 게 우리들 대부분이 처한 상황입니다. 자기 자리에서, 자기에게 필요한 분야가 뭔지 심사숙고해서 한국어와 영어의 비교 맞춤학습을 시도해 보시는 게 좋겠습니다.

트위터로 글로벌 감수성 global sensibility 기르기

"내가 왜 여기 와있는지 모르겠다, 허허."

미국에서 유학 중인 한 친구가 농담 섞인 푸념을 늘어 놓은 적이 있습니다. 자기가 다니는 미국 대학교의 모든 강의가 인터넷으로 제공되고 리포트 제출과 피드백이 온라인으로 다 이루어지기 시작한 후 자기가 왜 미국까지 와 있는가하는 의문이 들었다는 겁니다.

트위터

인터넷 세상이라 전 세계에서 거의 실시간으로 지식과 정보공유가 가능해졌습니다. 이제 굳이 외국에 가지 않더라도 필요한 지식과 정보는 웬만하면 다 구할 수 있습니다. 그래서 중요한 것은 지식과 정보 획득 자체를 넘어 지식과 정보가 전달하고자 하는 메시지 message를 제대로 파악하고 받아들이는 글로벌 감수성의 소유 여부입니다.

이 글로벌 감수성을 기르기 위해서는 물론 영어가 필요합니다. 그리고 그 영어가 일상화되어 있어야 합니다. 단순히 영어 학습 차원이 아니라 영어로 사고하고, 세계가 어떻게 움직이는지 실시간으로 파악하는 노력이 필요합니다. 트위터가 바로 그 노력의 소중한 동반자가 되어 줄 수 있습니다.

스마트폰이 많이 보급되면서 트위터 인구도 점점 늘어가고 있습니다. **twtkr.com**에 접속해서 한국인끼리만 트위터할 게 아니라 과감히 **twitter.com**에도 접속하여 세계인들과 호흡해 보십시오.

오바마, 반기문, 달라이 라마, 레이디 가가, 오프라 윈프리, 패리스 힐튼, MC 해머, 빌 게이츠, 앨 고어 같은 유명인사 뿐 아니라 CNN, 백악관, 미 국무부, 유엔 같은 단체 트위터와 **follow** 관계를 맺어 실시간으로 내 손안에서 세계가 돌아가는 모습을 영어로 확인해 볼 수 있습니다. 꼭 유명 인사나 단체가 아니더라도 평범한 외국인들과 소식을 주고받으며 세계인들의 생각을 실시간으로 접할 수도 있습니다. 굳이 외국에 나가지 않더라도 전 세계와 호흡할 수 있는 길이 내 손안에 열려 있는 것입니다.

- www.twitter.com에 가서 'let me in' 배너를 클릭하여 가입합니다.
- 트위터 공간을 둘러 보면서 **follow**하고 싶은 사람이나 기관, 단체를 클릭하여 **follow**합니다. 그 때부터 실시간으로 내 트위터 홈으로 짧은 메시지들이 올라옵니다.
- www.twtagora.com에 가면 분야별로 국내외 유명 인사나 기관, 단체의 트위터가 망라되어 있습니다. 관심인물이나 해외언론기관, 단체에 **follow** 신청을 해서 스마트폰이나 컴퓨터를 통해 언제든지 전 세계 여기저기의 소식을 실시간으로 볼 수 있습니다.

아는 만큼 이해한다

자기 분야의 모국어로 된 배경지식부터 쌓고
그걸 활용해서 필요한 부분부터
영어로 문을 열어 보시기 바랍니다.

배경지식 활용이라는 맞춤형 전략은 통역장교가 된 후 일선부대의 통역관으로 일할 때도 그 빛을 발했습니다. 통역관 교육을 마친 후 처음 부임한 곳이 진해에 있는 5전단이라는 부대였습니다.

뉴스에 자주 나오는 독도함, 문무대왕함, 충무공 이순신함, 세종대왕함 등 해군의 주요자산을 관할하는 주력 전투부대였습니다. 한미해군 연합훈련도 많고 해외작전의 수요도 많은 부대였습니다. 통역관이 해야 할 일이 꽤 있는 곳이었습니다. 미 해군 군함에 올라타 연합작전 수행을 위한 통역을 하려면 일반적인 생활영어나 상식 정도로는 안 되겠다는 두려움이 들었습니다. 그래서 다시 제 카드를 꺼내 들었습니다. 배경지식 활용이라는 맞춤형 전략으로 임무준비를 하자는 것이었습니다.

통역관이라고 영어지식만 믿고 있다가는 낭패를 볼 것 같았습니다.

해군 작전을 원활하게 통역하기 위해서는 작전 자체에 대한 이해가 필요하다고 생각했습니다. 그래서 실제로 작전을 수행하는 항해과 초급장교들이 퇴근 후에 받는 작전교육에 참가했습니다.

"통역관이 여기 웬 일이냐?"

처음 교육장에 갔을 때 교관 선배가 던진 질문이었습니다. 통역관이라면 영어나 하지 여기에 왜 왔는지 모르겠다는 표정이었습니다. 정확한 통역을 위해 작전지식을 배우러 왔다고 얘기하고는 자리에 앉았습니다.

저도 사실은 낯간지러웠습니다. 학교 다닐 때 필요도 없는데 자진해서 보충수업에 들어와 앉아 있는 '범생이'가 된 것 같은 느낌이 들었습니다. 하지만 나중에 통역하다 쫓겨나서 낯 뜨거운 것보다는 지금 잠깐 낯간지럽고 마는 게 낫다 싶어 그냥 앉아 있었습니다.

처음 부임한 겨울 내내 작전교육은 계속 됐습니다. 거기서 기뢰전, 상륙전, 대잠전, 구조전 등 해군 작전에 대한 일선 선배장교들의 강의도 듣고 질문도 해 가며 작전개념 전반을 이해하기 위해 노력했습니다. 밤에는 그 수업을 듣고 낮에는 일하면서 한미 연합 작전 계획을 계속 읽었습니다.

처음에는 뭔 말인지 잘 모르던 연합작전 계획들이 밤에 수업을 듣는 시간이 쌓

한미연합작전 지휘부 회의 중, 가운데가 통역 중인 지은이

이면 쌓일수록 이해되기 시작했습니다. 머리에 그림이 그려지기 시작했습니다. 비밀내용이라 자세한 예시를 들 수는 없지만 쉽게 말해서 이런 느낌이었습니다.

사무실에 새로운 신형 외제 복사기가 들어왔다고 칩시다. 그걸 써 보겠다고 영어로 된 신형 복사기 설명서를 봤는데 도통 잘 모르겠습니다. 그래서 한국인 복사기 엔지니어를 불러다가 사용법에 대해서 브리핑을 받았습니다. 한국어로 설명을 들은 후에 다시 영어 설명서를 펼쳐 들고 보니 그제서야 사용법이 머릿속에 제대로 그려지는 느낌이었습니다.

작전교육을 받고 나니 실제 연합훈련에 나가서도 큰 무리 없이 통역을 할 수 있었습니다. 그리고 놀라운 사실을 하나 더 알게 됐습니다. 경험 많은 제독 분들 중 상당수는 그간의 작전경험과 지식으로 제가 통역을 해 드리기 이전에 이미 미군이 무슨 말을 했는지 알고 계셨습니다. 그분들에게 통역은 내용확인과 보다 정확한 의사소통을 위해 필요한 보조수단이었습니다. 그분들이 비록 유창하게 영어를 하지는 못하시더라도 적어도 해군작전 분야에서만큼은 눈치코치 백 단으로 의사소통이 가능한 분들이었습니다.

오늘도 영어가 어렵다고 느끼셨습니까? 하기는 해야 하는데 막막하고 답답하십니까? 영어를 완벽하게 다 잘하려고 덤비다 보면 그런 부담감에 무너지기 쉽습니다. 자기 분야의 모국어로 된 배경지식부터 쌓고 그걸 활용해서 필요한 부분부터 영어로 문을 열어보시기 바랍니다.

모르는 길을 처음 갈 때는 대단히 멀게만 느껴집니다. 하지만 같은 거리라도 평소 다니는 동네 길은 아주 짧게 느껴집니다. 영어도 처음에 모르는 것부터 붙들고 너무 힘들게 씨름하지 마십시오. 자기에게 익숙한 분야부터 차근차근 걸음을 내딛어 보시기 바랍니다. 짧고 쉽게 느껴지는 동네길을 산책한다는 마음으로 말입니다.

외국인들끼리 하는 이야기를
잘 못 알아 듣겠어요

Q 미군 기지에 근무하는 사람입니다. 생활을 하다 보면 미군들끼리 알아들을 듯 말듯 하는 알쏭달쏭한 영어들을 많이 씁니다. 영어를 나름대로 한다고 해서 미군 기지에서 일도 하는데 많이 부족한 것 같습니다. 그들만의 문화적 배경도 잘 모르고 공감대가 없다는 생각이 듭니다. 어떻게 하면 좋을까요?

A 저도 비슷한 고민을 많이 했습니다. 작전개념이나 업무에 관련된 일은 배경지식을 공부해서 충분히 의사소통이 가능했습니다. 그러나 일상생활에서 미군들이 슬랭을 쓰거나 미국인들만이 통상적으로 알고 있는 역사적 사실들을 얘기해 버리면 대화의 맥을 놓치는 경우가 많았습니다. 어느 통역선배는 미국 국방장관이 'The Third Reich' 라는 말을 쓴 경험을 얘기해 주기도 했습니다. 'The Third Reich' 는 독일 나치 정권을 뜻하는 또 다른 영어 표현이었습니다. 'Nazi' 만 알았지 'The Third Reich' 까지 한국인이 아는 경우는 드뭅니다. 통역하기도 물론 어려웠겠죠.

그 얘기를 들으며 '영어, 정말 해도 해도 끝이 없다' 는 생각을 했습니다. 특히나 문화적인 공감대를 이루고 원어민에 가까운 영어생활을 하려면 들여야 할 시간과 노력이 만만치 않습니다. 미국이나 영국에 가서 수십 년 살면 완전히 문화에 젖어 원어민처럼 영어를 할 수도 있을 것입니다. 하지만 문제는 우리가 지금 여기 대한민국에 있다는 것입니다.

그래서 다시 맞춤형 전략과 삽질의 복합 노력이 필요합니다. 현대 미국인들의 정서나 생활영어를 가장 잘 파악할 수 있는 드라마나 영화를 활용하는 노력"영어방송" 참조이나 실제로 외국인을 만나는 해외문화 체험장에 기회가 되는 대로 가 보는 것입니다이어지는 "해 보자, 영어공부! YES, WE CAN!" 참조. 그리고 거기서 새롭게 알게 된 문화적 사실이나 표현 등을 정리하고 외워 두는 등의 복합적 노력이 필요합니다.

이중에서 저도 얼마나 실천하고 있냐고 물으면 아주 부끄러운 수준입니다. 하지만 부끄러움을 벗어던지기 위해 노력하면서 하나하나 얻어 가는 것 아니겠습니까. 안다고 자만하지 말고, 모른다고 창피해하지 말며 뚜벅뚜벅 영어라는 산맥을 등정해 갔으면 합니다.

공짜 영어 행사장에 가 보자!

영어 의사소통을 위해서는 영어권 문화에도 젖어 보고, 실제로 웃고 떠들며 이야기를 해 보는 것만큼 좋은 연습이 없습니다. 그 누가 뭐라고 해도 영어로 직접 이야기하고 떠들어 보면서 자신의 배경지식을 직접 활용해 보는 게 좋습니다. 그럴 기회가 충분치 않다고 느껴진다면 그 기회를 만들어 가야 합니다.

영어회화 학원에 가면 학생 서비스 차원에서 영어로 진행하는 파티를 제공하기도 합니다. 영어회화 학원을 다니고 계신다면 이런 행사가 있는지 잘 찾아보시고 적극적으로 참가해서 한국인 친구와도 영어로 대화해 보고 원어민 선생님과도 수업 외에 영어로 더 이야기해 보

네덜란드 여왕절 행사 인터넷 초대장 사진

는 연습이 필요합니다.

혹은 영국문화원이나 네덜란드 교육진흥원 같은 영어를 모국어 혹은 공용어로 사용하는 나라의 정부에서 직·간접적으로 운영하는 문화센터나 유학원 등에서 매달 각종 워크샵과 세미나, 파티 등의 행사가 열립니다.

이런 곳은 자국의 문화 홍보와 저변확대 차원에서 무료로 공개행사를 진행하기 때문에 부담 없이 가서 즐기셔도 됩니다. 특히 해당국가의 명절이 되면 공개파티를 많이 엽니다. 그럴 때 들리셔서 영화나 드라마에 나오는 스탠딩 파티를 체험하며 영어로 대화해 보는 기회를 가지는 것도 아주 좋습니다.

꼭 나비 넥타이를 매거나 이브닝 드레스를 입어야 하는 거창한 파티는 아닙니다. 가벼운 파티이기 때문에 정장을 입지 않아도 되는 경우가 많고, 간단한 식음료와 함께 한두 시간 문화체험과 영어회화 연습을 해 본다는 차원에서 가 보시면 됩니다.

영어로 누군가에게 말을 걸 때도 "Excuse me, my name is ~"하는 식으로 너무 쭈뼛대고 수줍어하실 필요도 없습니다. 누군가 혼자 서있으면 가서 "Where did you buy your shirt? I love that!"입고계신 셔츠 어디서 사셨어요? 참 좋네요! 라는 식으로 평소 알던 사이처럼 말을 트고 인사하고 대화를 이어나가도 좋습니다. "Nice to meet you"를 기계적으로 반드시 할 필요는 없습니다.

혹은 누군가가 내게 먼저 말을 걸며 "Nice to mee you"를 해도 "Nice to meet you, too"라고 반드시 교과서적으로 되받을 필요도 없습니다. 그냥 활짝 웃으며 "Likewise"저도요라고 딱딱하지 않으면

서도 정중히 인사를 받으면 됩니다. 그리고 곧장 "Let me guess where you are from. Can I have the first hint, your name? Oh, I am ○○○"어디서 오셨는지 한번 맞춰볼까요. 첫 번째 힌트로 성함 먼저 알 수 있을까요? 아, 제 이름은 ○○○입니다라는 식으로 대화를 주도해 나가셔도 됩니다. 차례차례 second hint, third hint를 주고받으며 ice breaking어색한 분위기를 누그러뜨리는 시도을 하며 서로를 알아갈 수도 있습니다.

인터넷에서 각종 외국 문화원 행사 캘린더를 체크해 보십시오. 영어회화 학원이 홍보차원에서 여는 공개행사도 검색해 보십시오. 그리고 직접 가서 공짜로 영어문화체험과 회화연습을 해 보십시오. 머뭇거린다고 누가 대신 영어로 이야기해 주는 것 아니니 좋은 기회를 적극적으로 찾아보시기 바랍니다.

- 어학원이나 외국 문화원 등에서 매달 각종 공개행사가 많이 열립니다. 살아 있는 영어회화 연습에 안성맞춤입니다.
- 영어 행사장에 가서 사람을 만나도 너무 딱딱하게 "Nice to meet you"만을 주고받지 마십시오.
- 열린 마음으로 가벼운 대화주제 예컨대 상대방이 옷을 어디서 샀는지, 머리를 어디에서 했는지, 전에 혹시 만난 적은 없는지 등을 던져 가며 대화를 주도해 보십시오. 영어로 대화하는 게 남의 일만은 아닙니다.

영어공부
몸가짐과
실전

시험영어

스터디

영어라는 산맥을 타고 넘으려면 길고도 먼 길을 걸어가야 합니다.
혼자 애쓰는 것보다는 옆에 동무를 끼고 가면
덜 심심하고 외롭습니다.

동네 길을 산책해도 마냥 혼자 하면 심심합니다. 길동무, 말동무가 있다면 산책이 훨씬 즐거워지겠죠. 영어산책도 마찬가지입니다. 혼자 애쓰는 것보다는 옆에 동무를 끼고 가면 덜 심심하고 외롭습니다.

저 같은 경우 앞서 밝힌 대로 통역장교 시험 스터디 덕을 톡톡히 봤습니다. 해외파 스터디 파트너를 만나서 국내파인 제가 해외파 파트너의 국어를 봐 주고, 해외파 파트너는 저의 영어를 봐 주는 식으로 시너지 효과를 냈습니다.

해군 통역관이 된 후에는 '통통클럽'이라는 각 군 통역장교들의 모임을 안내 받아 스터디 활동을 할 수 있었습니다. 한미연합사령관 통역을 하는 공군통역장교 출신 선배가 운영하는 모임이었습니다. 군 복무 시절에는 지방근무를 하느라 정기적으로 스터디 모임에 참가하지는 못했습니다. 가끔씩 통역간담회나 세미나 정도에 참석하는 수준이었습니다.

그러다가 전역을 한 후 본격적으로 영어 스터디에 참가하여 공부를 하고 있습니다. 각 군 통역장교뿐만 아니라 대사관 직원, 외국계 회사원, 영어교사 등이 다양하게 참가하는 스터디입니다. 여러 분야의 다양한 시각을 가진 분들과 공부를 하다 보니 배우는 것도 많고 자극도 많이 받고 있습니다.

통역관 출신이라고 해서 영어에 대해 만물박사는 아닙니다. 생각해 보십시오. 우리가 한국인이라고 하지만 실제로 국어에 대해서 얼마나 알고 있을까요? 한국어능력시험을 보면 과연 몇 점이나 받을 수 있을까요? 한국어 원어민이라서 일상적으로 의사소통을 잘 할 수는 있어도 정확한 문법과 읽기, 쓰기 능력은 한번 점검해 봐야 알 수 있는 부분입니다.

한국어도 이럴진대 하물며 영어는 어떻겠습니까? 문법과 어휘도 열심히 공부해야 하고 일상적인 회화나 청취도 꾸준히 연습해야만 합니다. 혼자서 하다 보면 지겹고 지칠 때가 당연히 찾아 옵니다. 며칠 혹은 몇 달 정도는 버틸 수 있을지 몰라도 어느 순간에는 느슨해져서 손 놓고 있는 자신을 발견하기 쉽습니다.

그럼 자신에게 맞는 스터디를 어떻게 찾아가거나 혹은 만들어 볼 수 있을까요? 제 경험에 비추어 말씀드릴 수 있는 몇 가지 원칙을 제시해 드리겠습니다.

첫째, 자기 수준과 비슷하거나 더 높은 사람들과 공부하십시오. 자기보다 현저히 낮은 수준에 있는 분들과 같이 한다면, 같이 공부한다기보다는 가르치는 차원에서 접근하는 게 좋습니다. 아예 개인교습을 해 준다든지 스터디팀을 리드해 준다든지 하는 차원에서 접근한다면 자기도 가르치면서 배울 수 있는 장점도 있습니다.

하지만 같이 공부할 스터디팀을 찾는다면 적어도 비슷한 수준이거나 조금 높은 수준에 계신 분들과 함께하는 게 좋습니다. 비슷한 수준에 계신 분들과는 같은 목표와 방향을 정해 놓고 도전을 할 수 있습니다. 조금 높은 수준에 계신 분들과 함께한다면 하나라도 배울 수 있는 장점이 있습니다. 또한 수준이 약간 높은 스터디 파트너 분이 스스로 확인학습과 리드를 하면서 동기부여를 받을 수 있는 장점이 있습니다.

둘째, 시너지 효과를 낼 수 있는 파트너를 찾으십시오. 같은 전공과 같은 관심사를 가지고 있는 파트너와 함께 공동관심의 영어 원서를 찾아 읽어 나갈 수도 있습니다. 혹은 토플, 토익, **GRE** 같은 시험을 어느 점수까지 끌어올려야겠다는 같은 목표를 가진 파트너를 만나 서로 도움을 주고받을 수도 있습니다.

전공이나 관심사, 시험이 아니라 일반적인 교양영어를 계속 공부하고 싶다면 아예 다른 전공과 경력, 직장을 가진 분들을 만나도 좋습니다. 영어를 통해서 지식을 확장하고 새로운 정보도 얻는다는 생각으로 서로를 활용한다면 좋은 시너지 효과가 날 것입니다.

예컨대 '아이티 지진 참사' 라는 주제를 가지고 〈이코노미스트〉나 〈타임〉〈뉴스위크〉 기사를 읽고 분석하는 스터디 시간을 가진다고 합시다. 국제법을 전공한 저는 유엔의 구호활동과 국제구호의 매커니즘에 대해 영어로 정리해 관련어휘와 정보들을 소개할 수 있을 것입니다. 스터디팀에 건축이나 도시설계와 조금이라도 연관된 분이 있다면 재난 후 도시재건 문제를 영어로 소개하며 어휘와 표현들을 잡아갈 수 있을 것입니다. 과학이나 공학 계통 같은 자연계열 전공자가 있다면 아이티 지진의 원인과 지질에 관련된 어휘와 개념들을 정리해서 서로 공유할 수도 있을 것입니다. 의학 계통에 종사하는 분이 있다면 응급치료와 재난구호에 대한 단어들도 같이 정리해 볼 수 있을 것입니다. 한 가지 주제로 다양한 어휘와 정보, 개념들을 같이 정리해 나가는 게 스터디의 시너지 효과입니다.

셋째, 쿨cool해지십시오. 스터디는 사람끼리 하는 일입니다. 서로에게 도움이 안 되거나 부담이 된다고 느껴지면 제대로 된 효과를 낼 수 없습니다. 억지로 눈치 보며 공부하다 보면 스트레스만 쌓입니다. 성격이 안 맞거나 서로의 목표나 방향이 다르다고 판단되면 즉시 결별하십시오. 단, 인간적인 차원에서 상식적이고 도리에 맞게 합의를 거쳐 그만두어야 합니다. 스터디를 하기로 한 시간에 갑자기 "미안하다, 이제 못 할 것 같다"고 문자메시지 보내는 게 도리가 아닌 것쯤은 다들 아실 겁니다.

지금 서로의 상태가 어떻고 나중에 다시 도움이 될 수 있는 상황이 오면 만나서 같이 해 보자고 허심탄회하게 이야기하고 정리를 하십시오. 지금 당장은 적당한 내 스터디 파트너가 아닐지 몰라도 장래에 서로 도움을 주고받을 수 있는 관계가 될 수 있는 여지는 남겨 두십시오. 사람일은 아무도 모르기 때문입니다. 내가 떠날 때도, 그리고 상대가 떠나려 할 때도 쿨하게 정리하고 다른 길을 찾아보십시오. 영어라는 산맥을 타고 넘으려면 길고도 먼 길을 걸어가야 합니다. 괜히 옆 사람 따라가다가 영어공부라는 본류를 놓치지 마시기 바랍니다.

나한테 맞는 스터디를 어떻게 가려내죠?

Q 영어를 공부하려다 보면 작심삼일이 되는 경우가 허다합니다. 여럿이서 같이 공부를 하면 능률도 오르고 좋다고 하는데 어디 괜찮은 스터디 클럽이 없을까요? 혹은 어떤 스터디 클럽이 내게 맞는지 어떻게 알 수 있을까요?

A 인터넷 포털사이트에서 '영어 스터디'로 검색을 해 보신 분은 아실 겁니다. 무수히 많은 인터넷 카페와 클럽이 줄지어 나옵니다. 거기서 옥석을 가린다는 건 정말 힘든 일입니다.

제일 좋은 방법은 직접 가 보는 것입니다. 가서 사람을 만나 보고 앞에서 말씀드린 원칙에 따라 서로 도움을 주고받을 환경이 되는지를 파악하는 게 가장 확실합니다. 그 이전에 몇 시간씩 인터넷 검색을 통해 가장 적합한 모임을 추려 내는 작업도 필요합니다. 영어공부하는 게 정말 그 시작부터 만만치 않은 일입니다.

한정된 지면에서 제가 모든 스터디 모임의 장단점을 설명드릴 수는 없습니다. 그리고 인터넷에 나오지 않더라도 본인이 얼마든지 주위 친구들 모아서 스터디를 꾸릴 수 있습니다. 그에 따라서 스터디의 목적과 형태, 지속기간이 매우 다양해질 수 있습니다.

여기서는 제가 참여하는 통통클럽이라는 모임만 소개해 볼까 합니다. 통통클럽은 애시 당초 각 군 통역장교들의 모임으로 시작했습니다. 이름도 '통역통합'이라는 뜻으로 '통통'으로 지어졌습니다.

한미연합사령관 전속통역사로 일하는 김장욱 씨가 모임을 주도적으로 조직했고 회장을 맡고 있습니다. 처음에는 통역장교들의 정보교환과 인적교류를 위해 출범했다가 범위가 확대되어 민간 통역사분들도 모임을 같이 하게 되었습니다. 그 후 폭이 넓어지면서 서울 주재 대사관에 근무하는 한국인 직원, 외국계 기업 종사자, 교사, 아나운서, 학생 등이 모임에 참여하게 되었습니다.

통통클럽에서는 이 분들을 주축으로 두 개의 영어 스터디 모임을 꾸려나가고 있습니다. '국제정세·외교영어'라는 큰 모임주제 하에 주중에는 국제정세를, 주말에는 외교영어를 중점적으로 공부해 나가고 있습니다. 국제정세나 외교영어를 주로 공부한다고 해서 딱딱한 영어만 다루는 건 절대 아닙니다.

시사적인 주제 외에 셰익스피어나 애거사 크리스티, 윌리엄 골딩 같은 작가들의 문학작품도 읽습니다. 같이 미국 드라마도 보며 영어표현도 익혀 나갑니다. 그리고 직

통통클럽 스터디에서 발표 중인 지은이

접 연설문을 암기해서 여러 사람 앞에서 말해 보는 더없이 좋은 영어발표 기회도 있습니다.

무엇보다도 다양한 직업과 배경을 가진 분들이 같이 영어스터디를 하기에 각자의 주제에 대한 다양한 시각과 피드백을 주고받을 수 있는 장점이 있습니다. 단순히 영어공부만 하고 끝나는 게 아니라 주제와 관련된 많은 지식과 정보도 맛볼 수 있습니다. 그리고 10년 간 한미 국방장관 회담과 각종 군사 고위급 회담의 통역을 전담해 온 김장욱 씨의 전체 리드는 어디 가서 쉽게 접할 수 없는 산 경험의 산물입니다.

어떤 분들은 통통클럽 영어반의 문턱이 너무 높게 느껴진다고 하십니다. 스터디에 통역장교 출신이나 영어로 업무를 하는 분들이 많기 때문이죠. 하지만 준비가 된 상태에서 남에게 내 영어지식을 뽐내기 위해 영어 스터디에 나온다는 건 앞뒤가 잘못된 일입니다. 참가할 수준이 되었기에 스터디에 오는 게 아니라 참가하면서 준비하고 공부해서 내 수준을 올린다는 각오로 임하는 게 진취적인 스터디 활용법입니다.

각자의 위치에서 자기 필요와 목적에 맞는 스터디에 가입하시든지 아니면 새로운 스터디를 만들어 보십시오. 취업준비생은 토익이나 텝스 스터디도 좋고 영어 인터뷰 스터디 모임도 한시적으로 운영해 보실 수 있을 겁니다. 고등학생이라도 대입외국어특기자전형준비를 위한 토플이나 텝스 스터디를 만들 수 있습니다. 일반 직장인이라면 업무관련 영어단어와 표현을 공부하는 사내 스터디를 시작할 수도 있습니다. 뜻 맞는 친구들을 만나서 영어뿐만 아니라 서로의 인생에도 도움이 되는 길동무들을 많이 만들어 나가시기를 기대합니다.

혼자 하는 스터디,
문장구역과 섀도잉 Shadowing

　전업학생이 아닌 바에야 바쁜 현대인이 매일같이 누군가를 만나 스터디를 할 수는 없습니다. 그렇다고 혼자 공부하면 자꾸 게을러지고 집중력도 떨어지기 마련입니다. 혼자 소리 내어 영어를 읽는 것도 주변의 눈치가 보일 때는 종종 있습니다. 이럴 때 스터디의 긴장감을 유지하면서 혼자 집중력 있게 영어를 공부할 수 있는 방법이 있습니다. 바로 문장구역口譯입니다.

　영어를 읽어 가며 바로 우리말로 번역해서 소리 내어 말하는 훈련입니다. 말 그대로 영어문장을 입으로 번역하는 연습입니다. 통역연습을 위해 주로 쓰는 방법입니다. 꼭 전문통역사가 아니더라도 혼자 영어공부할 때 박진감 있게 공부할 수 있는 방법입니다. 다음 문단을 보면서 설명 드리겠습니다.

　"We must strengthen the UN's ability to play its role to the fullest extent in conflict prevention, peacemaking, peacekeeping and peacebuilding. These are all part of a continuum, and our approach must be integrated, coordinated and comprehensive. By enhancing our capacity for preventive diplomacy and supporting sustainable peace processes, we will build long-term solutions and respond more effectively to conflict."

　반기문 유엔사무총장이 밝힌 바 있는 My priorities as Secretay

—General 사무총장의 우선과제 중 한 대목입니다. 이걸 보통 번역하는 식으로 번역하면 다음과 같습니다.

"우리는 분쟁방지, 조정, 평화유지 및 평화건설에 있어서 유엔의 역할을 최대한 강화해야 합니다. 이것들은 모두 연관되어 있으며, 우리의 접근은 반드시 통합되고, 조화되며 또한 포괄적으로 이루어져야 합니다. 예방적 외교능력을 향상시키고 지속가능한 평화 프로세스를 지원함으로써, 우리는 장기적인 해결책을 마련하고 분쟁에 보다 효과적으로 대응할 것입니다."

문장구역은 이 정도 수준까지의 완성된 번역을 요구하지는 않습니다. 문장을 최대한 볼 수 있는 범위까지 보면서 큰 맥락과 뜻이 전달되도록 바로바로 입으로 소리 내면서 다음과 같이 번역을 하는 것입니다.

"We must strengthen the UN's ability/우리는 유엔의 역량을 강화해야 합니다/to play its role to the fullest extent/최대한 확장 가능한 범위까지 말입니다/in conflict prevention, peacemaking, peacekeeping and peacebuilding/바로 분쟁방지, 조정, 평화유지 및 평화건설 분야에서 말입니다/These are all part of a continuum,/이것들은 모두 연결되어 있습니다/and our approach must be integrated, coordinated/그리고 우리의 접근은 반드시 통합되고, 조화되어야 합니다/and comprehensive./또한 포괄적이어야 합니다/By enhancing our capacity for preventive diplomacy/예방적 외교에 관한 우리의 능력을 향상시키고/and supporting sustainable peace processes,/지속가능한 평화 프로세스를 지원

해야 합니다/we will build long-term solutions/이를 통해 우리는 장기해결책을 마련할 것입니다/and respond more effectively to conflict./그리고 분쟁에 보다 효과적으로 대응할 것입니다."

평소에 배경지식이 있는 분야는 한눈에 들어오는 영어문장의 길이가 훨씬 길 수 있습니다. 그렇지 않은 생소한 분야라 하더라도 "그리고" "~을 통해" "~말입니다" 등을 통해 완성된 짧은 한국어 문장으로 끊어 가면서도 전체적으로 내용이 이어지도록 입으로 번역하는 훈련을 해 보십시오.

도서관이나 카페, 사무실 같은 곳에서 주위의 눈이 신경 쓰이면 속으로만 문장구역을 해도 좋습니다. 그러나 반드시 얼버무리지 말고 완결된 한국어 문장으로 끝나도록 생각을 정리해야 합니다. 그래야 집중도도 유지되고 번역 실력도 점점 늘어납니다.

별것도 아니라고 생각하실 수 있지만 실제로 영어 텍스트 원문 아무거나 갖다 놓고 한번 해 보십시오. 입으로 내뱉거나 완결된 한국어 문장으로 끊어가며 머릿속에서 정리하는 게 처음에는 결코 만만한 일이 아닙니다.

저도 처음에 통역학원에서 문장구역을 했을 때 한 문단을 채 다하지 못하고 다른 사람에게 마이크를 넘겨야만 했습니다. 너무 진땀만 빼며 제대로 말도 이어나가지 못했기 때문이었습니다.

지금 당장 어느 스터디에라도 들어가기 힘드시다면 혼자서 문장구역 스터디라도 해 보십시오. 그리고 이 문장구역도 누군가와 같이 스터디를 해 보시면 좋습니다. 상대를 앞에 두고 이야기하면 아무래도 집중력도 더 높아지고 실수한 부분도 오래 기억하기 좋습니다.

집중력 있게 혼자 공부할 수 있는 또 하나의 방법은 영어 따라서 말하기입니다. 섀도잉shadowing이라는 방법입니다. 영어뉴스나 영화, 드라마 음성파일을 다운받아 반복해서 따라해 보는 것입니다. 소리 내어 똑같이 말하려고 쫓아가다 보면 눈으로만 스크립트를 보고 문장 외우는 때보다 훨씬 집중도가 높아집니다. 원어민 아나운서나 배우들의 발음과 목소리를 따라하다 보면 발성과 영어리듬도 자연스럽게 익힐 수 있습니다. 단, 공공장소에서 너무 크게 하다보면 사람들의 눈총을 받을 수도 있으니 주의하시기 바랍니다.

- 영어문장을 눈으로만 읽지 말고, 입으로 바로 소리 내어 번역을 해 봅니다.
- 완성된 문단번역을 하지 말고, 눈에 들어오는 범위까지 문장을 끊어 가며 짧지만 완결된 한국어 문장을 만들어 갑니다.
- 소리 내어 연습할 수 없는 상황이면 머릿속으로 생각하되, 반드시 완결된 한국어 문장으로 생각을 정리해 나갑니다.
- 소리 낼 수 있는 공간이면 영어뉴스나 영화 대본을 음성파일로 다운받아 반복적으로 똑같이 따라해 보는 섀도잉 연습도 해 보시기 바랍니다.

어학원

일단 눈에 불을 켜고 찾고,
그리고 본인이 열심히 공부한다는 두 가지 원칙에 충실하면
어학원도 돈 들인 값을 해 주는 좋은 장소가
되어 줄 것입니다.

전국 동네 방방곡곡에 어학원이 없는 곳이 없습니다. 길목 어딘가에 어른들을 위한 어학원 외에도 어린이와 중·고등학생을 위한 영어 전문학원이나 유치원이라도 꼭 있기 마련입니다.

이 정도쯤 되면 한국인은 평균적으로 영어를 잘해야 할 텐데 다들 기대만큼 잘한다고 생각하는 것 같지는 않습니다. 그래서 학원이 더욱 성시를 이루는 것이라고 생각됩니다. 그렇다면 대한민국의 어학원들은 돈벌이를 위해 담합하여 '진짜 영어'를 제대로 안 가르쳐 주고 있는 것일까요?

제가 보기에는 그런 것 같지는 않습니다. 오늘도 전국에서 수준 있는 선생님들이 열심히 준비하여 강의를 펼치고 있습니다. 물론 개중에는 돈만 노리고 얄팍한 상술로 세치 혀를 놀리는 사람들도 있습니다. 하지만 이런 사람들은 그 누구보다도 수강생들이 먼저 알아차리고 보따리 싸서 나갈 수 있도록 알아서 외면을 해 줍니다.

문제는 수강생 본인의 태도입니다. 선생의 토크쇼를 보러 간 게 아니라면 수강생 본인이 일단 충실히 준비하여 임하는 자세가 중요합니다. 하지만 어학공부에 무한한 취미가 있는 사람이 아닌 이상 아무 동기 없이 영어공부를 하고 싶은 마음이 생길 리는 없습니다. 어학원 선생님의 능력이 필요한 부분이 바로 이 지점입니다. 바로 동기부여입니다.

영어의 세계가 무궁무진하기에 사람들은 숨이 턱턱 막힙니다. 이 막힌 숨을 뚫어주고 영어공부의 길을 터 주는 영어강사의 기본덕목은 첫 번째가 동기부여입니다. 그리고 두 번째가 수강생에게 동기부여를 한 상태에서 자기가 아는 모든 걸 충실히 정리해서 제대로 전달해 주는 것입니다. 아무리 영어실력이 뛰어나도 수강생들과 소통하지 못하고 칠판이나 교재하고만 대화하면 아무 소용이 없습니다. 우리가 흔히 "자기가 공부 잘하는 것과 남 공부 가르치는 것은 다르다"고 이야기하는데 그 원리가 그대로 적용된다고 보면 됩니다.

제가 해군 통역관 교육을 받을 때 민간인 교관 한 분이 계셨습니다. 그분은 영어 자체를 가르쳐 주시는 게 거의 없었습니다. 영어실력이나 발음도 통역관 양성을 책임진다고 하기에는 약간 부족한 면이 있었습니다. 그러나 그분은 우리를 공부시키는 데 탁월한 재능이 있으셨습니다.

수업 중간 중간에 신임 해군 통역관이 궁금해할 만한 이야기를 미리 떡밥으로 던지면서 관심을 유도했고, 그 주제에 걸 맞는 듣기와 쓰기훈련을 시키셨습니다. 선배 통역관들의 실수담이나 잘했던 교훈 등을 이야기하며 관심을 모았습니다. 그리고 그 선배 통역관이 처했던 상황을 모티브로 삼아 영어 학습을 유도했습니다. 수강생인 저희들이 관심을 가지고 과제에 임하다 보니 당연히 영어공부는 절로 됐습니다.

사실 영어강사의 역할은 여기까지가 끝입니다. 영어공부를 얼마나 더 파고들고 열심히 하는가는 수강생 본인이 책임져야 할 영역입니다. 자기에게 맞는 선생님을 찾아 신나게 공부할 수 있는 여건을 스스로 찾아 나가야 합니다.

대학원 입학준비를 하던 해 여름방학에 영어청취 새벽반을 수강한 적이 있습니다. 방학기간 동안 친구와 10시 오전반을 들었던 선생님의 수업이었습니다. 수업내용도 알차고 재미가 있어서 학기가 시작한 후에도 새벽반을 등록해 들어 보려고 했습니다. 그런데 무리였습니다.

당시에 저는 대입학원의 논술강사를 하고 있어서 제 학원 일이 밤 늦게 끝나는 경우가 많았습니다. 며칠 견디며 새벽에 나가는 건 가능해도 장기간 할 수 있는 일은 아니었습니다. 그래서 결국 중도포기하고 말았습니다. 한 달 치 수강료를 내놓고도 보름치 이상은 날렸습니다. 저한테 맞는 선생님을 찾았지만 신나게 공부할 수 있는 여건을 갖추지 못해 중도 포기했던 경우였습니다.

여러 가지 조건과 환경이 완벽하게 맞아 떨어질 수는 없지만 그래도 눈에 불을 켜고 찾다 보면 자기에는 맞는 선생님과 어학원을 만나 공부할 수 있습니다. 아무 어학원이나 가서 강의실에 앉아 있으면 다 되겠지 하는 자세로 있을 게 아닙니다. 일단 눈에 불을 켜고 찾고, 그리고 본인이 열심히 공부한다는 두 가지 원칙에 충실하면 어학원도 돈 들인 값을 해 주는 좋은 장소가 되어 줄 것입니다.

좋은 어학원 선생님은
어떤 기준으로 찾아야 할까요?

Q 정말 많은 어학원과 선생님들이 있어서 어느 학원에서 무슨 수업을 들어야 할지 모르겠습니다. 어학원과 선생님을 판단할 때 특별한 기준이 있을까요?

A 참 어려운 질문입니다. 각자의 필요와 바라는 바가 달라서 "이것이 통일된 기준"이라고 말씀드리기는 힘들 것 같습니다. 제 경험과 일반적인 경우에 비추어봤을 때 말씀드릴 수 있는 기준을 몇 자 적어 보겠습니다.

어학원의 경우 그래도 검증된 대형 어학원을 선택하시는 게 유리합니다. 오랫동안 많은 이들의 선택을 받는 데에는 다 그만한 이유가 있기 때문입니다. 프로그램부터 시작해서 학생과 강사 관리에서 나름대로의 체계와 노하우를 갖추고 있는 경우가 많습니다. 하다못해 시설 면에서라도 영세한 학원보다는 나은 면이 있습니다. 물론 시설이 열악하다고 해서 훌륭한 선생님이 없으리라는 법은 없습니다.

훌륭한 선생님은 어디 있어도 대개 빛을 발하고 입소문을 타기 마련입니다. 그런 선생님들은 제가 봐 온 결과 영어교육에 계속 관심을 갖고 준비해 오신 경우와, 영어와는 전혀 다른 전공과 경력을 쌓아오셨지만 어학원 강사로 성공적인 직종 전환을 하신 두 가지 경우가 많았습니다.

전자는 학부 때부터 영어교육에 뜻을 가지고 다양한 고민과 실험을 해 온 경우입니다. 이 경우는 각자의 발달된 공부 노하우와 정리된 실력을 바탕으로 수강생들에게 실망을 안겨 주지 않을 확률이 높습니다. 후자의 경우는 대학에서 영어 전공은 안 했지만 다른 공부나 일을 하면서 영어를 잘 하는 법을 터득한 경우입니다. 이 경우 영어를 필수교양으로 활용하고자 하는 수강생들의 고충과 처지를 잘 이해하고 나아갈 길을 제시해 줄 확률이 높습니다.

결국 선생님을 선택하실 경우 선생님 출신학교의 명성보다는 전공과 경력을 보시고 판단하시는 게 좋습니다. 영어라는 특수한 주제를 배우는 것이니만큼 영어교육에 얼마나 많은 시간을 투자해 온 분인가 혹은 영어와는 상관없는 경력을 가지고 있는데 잘 가르친다고 소문이 난 두 부류를 주목하셔서 선택을 하시면 큰 무리가 없으리라고 여겨집니다. 다시 한 번 말씀드리지만 이 기준은 저의 주관적인 경험을 바탕으로 한 추천기준입니다. 주변 친구와 영어전문가 분들에게 더 많은 조언을 받아 보십시오.

원어민 선생님을 고를 때에도 저는 같은 기준을 추천하고 싶습니다. 심심풀이 땅콩으로 영어회화 연습이나 하실 거면 모르지만 제대로 영어를 배우고 싶다면 그 선생님의 전공이나 경력이 어떤지 학원 상담 선생님께 확인해 보실 필요가 있습니다. 아시다시피 워낙 무자격 원어민 강사가 많으니까요.

말씀드리다 보니 처음 통역학원에 갔을 때 무턱대고 수강증을 끊어 바로 수업에 들어갔던 기억이 납니다. 다행히 좋은 선생님을 만났기에 망정이지 지금 생각해도 아찔합니다. 공개수업도 한 번 안 들어 보고 결정을 내리다니 참 무모한 일이었습니다.

대부분의 어학원에서는 공개수업제도를 운용하고 있으니 이걸 잘 활용하시어 자신에게 맞는 선생님을 찾아 영어공부의 좋은 길잡이로 삼으시기 바랍니다.

가방 속의 영어스승, 영한대역문고

'고전에게 길을 묻다' '책 속에 길이 있다'는 말은 영어공부에도 적용됩니다. 시중의 몇몇 출판사에서 내놓은 영한대역문고를 잘만 활용하면 영어공부를 하면서 인생의 지혜도 배울 수 있습니다.

영한대역문고 중 대표적인 것은 시사영어사에서 내놓은 100권짜리 전집입니다. 빨간색 표지의 책입니다.

왼편에 영어 원문이 실려 있고, 오른편에 한국어 번역본이 실려 있습니다. 주옥 같은 단편 위주로 구성되어 있어서 분량도 부담스럽지 않습니다.

제 친구 중 한 명은 대기업 입사 영어면접을 준비하면서 이 영한대역문고의 도움을 많이 받았다고 말한 적이 있습니다. 이 친구는 크라이슬러 자동차를 회생시킨 아이아코카 전 회장의 자서전(시사영한대역문고 제23권)을 거의 외울 정도로 봤다고 합니다. 그 과정에서 비즈니스 영어와 기업관련 전문용어의 실례를 깊이 있게 체득했답니다. 대기업 영어면접준비는 자동으로 된 셈입니다. 동시에 아이아코카 같은 큰 기업인의 철학과 인생을 배울 수 있었다고 이 친구는 말했습니다.

이 영한대역문고를 알짜배기로 활용하기 위해서는 그냥 읽는 정도에서 그

영한대역문고

쳐서는 안 됩니다. 조금만 신경 쓰고 시간을 투자하면 어학원 선생님의 비싼 영작 첨삭수업을 영한대역문고로 대신할 수도 있습니다. 방법은 간단합니다. 영한대역을 한영대역으로 거꾸로 활용하는 것입니다.

왼편의 영어 원문을 먼저 보고, 오른편의 한국어 번역본을 보는 게 아니라 오른편의 한국어 번역본을 보고 먼저 영작을 해 봅니다. 한 문장 혹은 여력이 있다면 한 문단 정도 영작을 합니다. 그리고 왼편의 영어 원문을 펼쳐 봅니다. 유명 원어민 작가 선생님들의 빛나는 예시답안이 마련되어 있습니다.

자기 영작과 비교해 보며 부족한 부분, 새로 알게 된 표현과 단어 등을 정리하며 다음 문장 혹은 다음 문단으로 계속 나아갑니다. 책상 앞에 앉아서 할 시간이 없다면 지하철 안이나, 화장실 안에서 하루 한두 문장 혹은 한 문단 정도만이라도 꾸준히 해 보십시오. 영작실력이 확실히 나아지는 걸 느끼실 수 있을 것입니다.

그리고 시사영한대역문고 제99권, 제100권은 "세계 최고지성 36인이 말하는 21세기의 세계 상·하"로 구성되어 있습니다. 다양한 세계 지성의 다채롭고 깊이 있는 영어표현과 더불어 21세기를 바라보는 통찰력도 키울 수 있는 가방 속의 영어스승이 되어 줄 것입니다. 영어 선생님은 어학원에만 있는 게 아닙니다.

- 영한대역문고를 영작공부를 위해 한영대역문고로 거꾸로 활용합니다.
- 한국어 번역본을 먼저 보고 한 문장 혹은 한 문단씩 영작번역을 합니다.
- 최고수준의 작가들이 써 놓은 영어 원문과 비교해 보며 어학원에 가지 않고도 첨삭수업의 효과를 누릴 수 있습니다.

영자신문

하루 이틀 신문 안 보고 뉴스도 안 보다 보면
세상사에 어두워지듯이 영어도 하루 이틀 멀리하고 안 하면
금세 어두워집니다.

"이것만 하면 나가서 놀고 와도 돼."

초등학교 저학년 시절에 어머니께 이 말씀을 들으며 매일 일일학습지를 풀었습니다. B4 사이즈 시험지 양면에 산수와 국어 문제 등이 정리되어 배달 오는 학습지였습니다. 신문처럼 매일 집으로 날아왔습니다.

공부이다 보니 그렇게 재미있는 일은 아니었습니다. 매일 습관처럼 그냥 하는 공부였습니다. 지금도 그때 무슨 내용을 풀고 익혔는지 완전히 기억나는 건 없습니다. 하지만 당시 매일 산수 문제를 풀고 낱말 맞추기를 했던 학습이 쌓여 학과공부를 해 나가는 '기초체력'이 된 건 확실합니다.

하루에 20~30분 정도만 했던 학습지 공부지만 일단 매일 책상에 앉아 있던 습관을 기르는 데 도움이 됐습니다. 비슷한 문제와 내용들을 반복하다 보니 학교공부를 하는 데 필요한 기초지식을 계속 다져 나갈 수 있었습니다.

요즘은 영자신문을 받아 보며 초등학교 저학년 당시의 학습지 풀던 기억을 떠올리곤 합니다. 통역장교 준비를 하던 시절부터 영자신문을 따로 집에서 받아 봤습니다. 그때부터 아침에 일어나 제일 먼저 하는 일은 아파트 현관문을 열고 신문을 집어 드는 일입니다.

제가 보는 신문은 〈인터내셔널 헤럴드 트리뷴International Herald Tribune〉입니다. 뉴욕타임스의 국제판입니다. 세계 각국의 기자들이 송고한 영어기사를 한 번에 볼 수 있습니다. 첨부되어 오는 〈중앙데일리JoongAng Daily〉에는 한국 기자들이 영어로 쓴 한국기사가 실려 있습니다.

세계 각국의 기자들이 영어로 쓴 기사가 실려 있다 보니 다양한 영어를 맛볼 수 있는 장점이 있습니다. 신기하게도 같은 영어라 할지라도 한국인 기자나 일본인 기자가 쓴 영어기사가 훨씬 쉽게 읽힙니다. 우리말과 같은 언어 문화권에 있는 사람이 쓴 영어라 그런지 유럽이나 미국의 기자들이 쓴 기사보다는 읽기가 편합니다.

어떤 분들은 읽기 어려운 영어가 더 수준 높고 완벽한 영어라고 생각하시기도 합니다. 하지만 정보전달의 차원에서 보자면 읽기 편한 우리 언어권의 영어도 문제가 있는 건 아닙니다. 교양 있는 원어민 수준에 맞게 고급영어를 구사하도록 노력하는 게 영어공부의 한 목표일 수는 있습니다. 하지만 그 고급수준에 이르지 못했다고 해서 정보전달 수단으로서의 영어 사용마저도 포기해서는 안 됩니다.

이 정보전달 수단으로서의 영어를 매일 공부하는데 아주 유용한 수단이 바로 영자신문입니다. 세계 곳곳에서 벌어지는 구체적인 사건

〈인터내셔널 헤럴드 트리뷴〉

과 사고를 매일 영어로 정리해서 전달해 주니 이보다 더 유용할 순 없습니다. 한 가지 영자신문을 정해서 한 주만 읽어 보면 같은 단어나 비슷한 표현을 일주일에 두세 번 이상 접하는 경험을 할 수 있습니다.

어차피 신문을 읽거나 뉴스를 보는 분들이라면 영자신문을 보는 것만으로도 일주일에 두세 번 보는 그 단어나 표현을 자기 것으로 만들기에 충분합니다. 일주일에 두세 가지 정도의 표현을 익혀서 언제 영어라는 바다에서 자유롭게 헤엄치겠냐고 반문하실 수 있습니다.

하지만 생각해 보십시오. 신문 보고, 뉴스 보고. 세상에 관심 있는 분들이 일주일만 신문을 보고 그만둡니까? 그렇지 않습니다. 습관처럼 꾸준히 신문을 봅니다. 그걸 영어로만 하면 됩니다. 그러다 보면 자기 안에 쌓이는 단어와 표현이 점점 늘어납니다.

편안하게 그러나 진지하게 약간의 학습이라는 생각을 가지고 매일 읽다 보면 영어의 '기초체력'이 향상되고 있음을 느낄 수 있습니다. 처음에는 일일학습지 푸는 초등학생처럼 영자신문이 숙제나 부담으로만 느껴질 수도 있습니다. 그럴 때 스스로에게 말을 걸어 보십시오. "이것만 읽고 나면 나가 놀아도 돼."

그렇게 참고 제목만이라도 10분을 집중해서 읽어보십시오. 제목을 매일 제대로 읽어 보는 것만으로도 한 달 후, 두 달 후 달라진 영어 감각을 느낄 수 있을 것입니다.

저는 통역장교가 된 후 지방발령을 받았습니다. 지방에서는 제가 보던 영자신문이 당일 배송되지 않아 하루 전의 신문을 받아 보아야만 했습니다. 그래도 계속 봤습니다. 뉴스를 새로 안다는 목적보다도 세상일을 영어로 어떻게 표현하는가를 궁금해하며 신문지를 들추었습니다.

이미 인터넷 뉴스나 한국 신문을 통해 알고 있던 내용이 대부분 영자신문에 나와 있었습니다. 내용을 알고 읽다 보니 이해하는 속도나 영어표현을 낚아채는 감도 훨씬 좋았습니다. 예컨대 미국의 대선결과를 미리 알고 영자신문 기사를 접하면 선거관련 표현은 새로 보는 것일지라도 의미 유추가 가능했습니다. 그리고 의미 유추가 된 상태에서 사전 등으로 확인을 하면 그냥 '생짜'로 외우는 것보다는 암기 효과가 뛰어났습니다. 모국어로 된 배경지식의 중요성을 하루 늦은 영자신문을 보며 다시 깨달았습니다.

그렇다고 꼭 하루 늦은 혹은 며칠 동안 영자신문을 묵혀 두었다가 읽어 보시길 권하지는 않겠습니다. 매일 새로운 걸 읽고, 감을 유지하며 반복적으로 확인하시기를 추천해 드립니다. 하루 이틀 신문 안 보고 뉴스도 안 보다 보면 세상사에 어두워지듯이 영어도 하루 이틀 멀리하고 안 하면 금세 어두워집니다.

영자신문은 어떻게 읽는 게 좋을까요?

Q 한국인 기자들이 쓴 영어기사를 공부하는 것도 도움이 될까요? 원어민의 영어가 아니라서 표본으로 삼아 공부하기에 문제가 있는 건 아닐지 걱정입니다. 그리고 매일 신문이 쌓이기만 하는데 효율적으로 활용해서 공부할 수 있는 방법 좀 알려 주세요.

A 어떤 분들은 한국인이 쓴 〈코리아 헤럴드〉나 〈코리아 타임스〉 같은 신문은 본토영어가 아니라서 보기에 망설여진다고 하시기도 합니다. 그런데 이제 영어는 미국이나 영국인만의 언어가 아닙니다. 영어는 한 가지 영어만 있는 게 아닙니다. 한국인이 한국식 영어로 한국의 소식을 써 둔 신문이라 할지라도 충분히 가치가 있습니다. 그리고 그 정도만 영어를 쓸 줄 알아도 외국인으로서는 아주 최상급 수준이라고 생각합니다.

저도 군 생활 중에 한동안은 사무실에 〈코리아 헤럴드〉가 들어오기에 〈인터내셔널 헤럴드 트리뷴〉을 안 보고 그걸 본 적이 있었습니다. 어떤 신문이든지 공인된 매체라면 활용하기 나름입니다.

이제부터 영자신문을 활용하는 방법을 간단하게 제시해 드리겠습니다. 지금 소개하는 방법은 전적으로 제 개인의 방법일 뿐입니다. 각자에게 맞는 방법은 적절히 개발해서 응용하시는 게 좋습니다.

우선 저는 영자신문을 직접 돈을 주고 받아 봅니다. 군 시절

사무실에서 〈코리아 헤럴드〉를 공짜로 보던 몇 개월을 제외하고는 꼬박꼬박 돈을 내고 봤습니다. 인터넷이 발달해서 스크린으로 볼 수도 있고 관심있는 거 하나 출력해서 그걸 완전히 외우겠다고 덤벼들 수도 있습니다. 그 방법도 좋습니다. 매우 성실한 분이라면 가능하리라 예상됩니다.

하지만 바쁜 현대인들이 일주일 이상 그걸 꾸준히 할 수 있을지 의문입니다. 그리고 돈 안 들이고 인터넷으로 시간이 될 때 슬렁슬렁 보겠다는 마음은 쉽게 무너집니다. 일단 아침에 집 문을 열고 나갈 때 신문이 발에 걸려야 손에 잡히고 눈에도 들어옵니다. 특히 자기 돈을 내고 하는 거라면 아까워서 한 줄이라도 볼 가능성이 높습니다.

그렇게 집어든 신문이 다 읽고 난 신문지가 되기까지의 제 활용법을 본격적으로 소개하겠습니다.

첫째, 제목만 모두 봅니다.

처음부터 끝까지 사진과 제목만 훑어 봅니다. 어제 하루 동안 세계가 어떻게 돌아갔는지 눈에 익힙니다. 물론 처음 영자신문을 이용하면 제목 중에 모르는 단어가 많이 나올 수 있습니다. 읽어도 뭔 말인지 모를 때도 많습니다.

기사제목은 대단히 함축적이기 때문에 한 번에 알아차리기 힘들 때도 있습니다. 모르는 게 너무 많이 나왔을 때 쉽게 절망하고 포기하지 마십시오. 그렇다고 모르는 걸 오늘 안에 모두 이해하겠다고 덤벼들지도 마십시오.

우리가 지양해야 할 태도는 한 번에 포기하거나 혹은 한 번에 다 알려고 하는 극단적인 태도입니다. 제목 열 개를 이해 못한다고 해도 그중 한두 개만 알겠다는 마음으로 매일 신문을 넘겨 보십시오.

열 개를 다 못 얻을 것 같아서 포기하는 것보다는 한두 개라도 매일 머릿속에 챙겨 두는 게 낫습니다. 그리고 신문이 한 달, 두 달 쌓여 신문지가 될 때 내 머릿속에 살아 있는 영어지식이 쌓여 간다는 느낌을 받는 순간이 옵니다.

둘째, 관심기사를 한 번 더 봅니다.

제목을 읽다가 관심 가는 기사가 한두 개는 나옵니다. 그것만이라도 한 번 읽어보는 겁니다. 신문기사 한두 개 읽는 거로 언제 영어실력이 늘지 의심스러울 수 있습니다. 하지만 그렇게 의심하는 시간에 한 단어, 한 문장이라도 더 보는 게 낫습니다.

실천을 해 보신다면 하루에 영어기사 한 개라도 읽는 게 만만한 일은 아니라는 걸 아실 수 있을 겁니다. 그리고 기사를 읽다가 모르는 단어나 좋은 표현이 나오면 신문 여백에 바로 열 댓 번씩 써 가며 외우십시오.

어떤 분들은 별도로 정치·외교·사회·북미·유럽·아시아 등으로 섹션을 분리해 단어장을 만드실 수도 있습니다. 하지만 저 같은 경우는 단어장을 만들지 않습니다. 만들어 봤자 다시 들추어 보는 일이 드물었기 때문입니다. 제가 게을러서 그런 줄 알았는데 주위 친구나 지인들한테 물어봐도 단어장을 제대로 활용하시는 분은 거의 없었습니다. 스스로 생각하셔서 학창시절에 단어장을 잘 활용했고, 현재도 나만의 단어장을 매일 끼고 다니며 잘 쓰고 있다고 자신하는 분만 따로 단어장을 만드시기 바랍니다.

이밖에 시간여유가 되시거나 집중적으로 영어실력을 늘려야 하시는 분이라면 마음에 드는 기사나 칼럼을 직접 베껴 써 보는 것도 매우 좋은 방법입니다. 눈으로만 읽고 끝나는 것과 직접 손으로 써 보는 것은 큰 차이가 있습니다. 직접 영작을 할 때 이 단어를 대문자로 쓸지, 소문자로 쓸지, 쉼표(,)를 여기다 찍어야 할지 말지를 헷갈릴 때가 많습니다. 오랜 시간 직접 영어 글을 베껴 쓰며 철자법을 체득해 두면 자연스럽게 영작을 할 수 있는 밑거름이 됩니다.

저는 통역장교 준비기간에는 틈나는 대로 거의 매일 영어기사를 베껴 썼습니다. 그리고 현재도 가끔씩 영어기사를 베껴 쓰고 있습니다.

셋째, 버립니다.

그날그날의 신문은 중요한 정보입니다. 하지만 그날이 지나면 신문지일 뿐입니다. 과감히 버리십시오. 저도 한 때는 다음에 중요한 영어표현을 찾아야 할지도 모른다며 신문지를 방 안에 한가득 쌓아 둔 적이 있습니다. 그런데 단 한번도 그걸 들추어 본 적이 없습니다. 필요한 영어표현을 찾고자 하

신다면 인터넷 창을 여십시오. 그게 빠릅니다. 그리고 즉각 생각나지 않는 표현은 아직 자기 것이 아닙니다. 죽은 표현입니다.

매일 영자신문이 배달되어 오고 빈도수가 높거나 중요한 표현은 일주일에 두세 번 이상은 자동으로 반복하게 되어있습니다. 염려마시고 어제 신문은 그냥 신문지로 활용하십시오. 자장면을 받쳐 드시거나 재활용으로 분류해서 버려 주시기 바랍니다.

단, 본인이 생각할 때 데이터베이스화를 대단히 잘 하신다거나 단어장을 성실히 활용하는 경우라면 일정 기간 신문을 모아서 자료로 활용하실 수도 있습니다. 이 부분은 전적으로 개인판단에 맡깁니다.

영자신문만 말씀드렸지만 영어 시사주간지나 월간지도 비슷한 방법으로 활용이 가능합니다. 지금 당장 서점에 가시거나 인터넷으로 5분만 검색하셔도 본인이 좋아할 만한 주제를 다루는 영어 주간지나 월간지가 넘쳐나고 있습니다. 그리고 정말 짬 내기 힘든 분들은 이어지는 "해 보자, 영어공부! YES, WE CAN"에서 설명하는 틈새활용법을 참조하시기 바랍니다.

영자신문 틈새활용법

 매일 영자신문을 한두 시간쯤 내서 꼼꼼하게 읽고, 분야별로 스크랩도 해 가며 표현도 반복해서 익혀 나가는 게 제대로 된 영어공부 방법입니다. 하지만 샐러리맨이 사무실 책상에 앉아서 대 놓고 신문을 볼 수도 없고, 중고등학생이 교실에서 영자신문 펴 놓고 있으면 잘난 척하냐는 힐난을 받기 쉽습니다.

 그래서 매일 잠깐씩 활용할 수 있는 영자신문 공부법을 소개해 드리고자 합니다. 이 방법을 통해 독해실력이나 어휘량이 많이 늘었다고 판단 되시면 주저 없이 신문 전체 훑어 보기에 꼭 도전하시기 바랍니다. 말씀드리고자 하는 방법은 바로 한영 대역본을 매일 조금이라도 보는 방법입니다. 앞서 제시한 바 있는 "가방 속의 영어스승, 영한대역문고" 활용법과 비슷한 방법입니다.

중앙일보 영어 페이지

연합뉴스 영어 페이지

 그냥 밑도 끝도 없이 영

자신문을 모두 읽으려면 힘듭니다. 그나마 한글 원문이 있는 기사를 영어로 옮겨 놓은 걸 보면 접근하기가 쉽습니다. 중앙일보www.joins.com 나 연합뉴스www.yonhapnews.co.kr 등에 가면 영어기사 코너가 있습니다. 이외에 한영기사를 동시에 제공하는 사이트가 더 있을 수 있으니 본인이 보기 편하신 곳을 이용하시면 됩니다.

중앙일보의 경우 한국어로 된 "분수대" 칼럼을 다음날 영자신문 〈JoongAng Daily〉에 "The Fountain"이라는 코너로 싣습니다. 인터넷으로 "사설·칼럼" 코너를 찾아가 보시면 "한영대역" 코너가 따로 마련되어 있는 걸 보실 수 있습니다. 책상에 앉아 하루 한 문단이라도 보시면 큰 도움이 될 겁니다.

그리고 연합뉴스도 시론이나 기사 일부를 영어로 옮겨서 같이 홈페이지에 게재를 합니다. 같은 내용을 다루는 한국어기사와 영어기사를 한 곳에서 비교해서 볼 수 있기에 시간과 노력을 절약할 수 있는 아주 좋은 방법입니다.

단 기계적으로 비교만 하려고 하지 마십시오. 한국어 기사를 읽고 단 10초라도 영어로 어떻게 바꾸어 볼까 먼저 생각을 하고 영어기사를 클릭해 보십시오. 그래야 영작실력이 늡니다. 반대로 한국어 번역 실력을 늘리고자 한다면 영어를 먼저 본 후 한국어 기사를 비교해 보는 방법을 취할 수도 있습니다.

기사 전체를 보는 것이 처음에는 버거울 수 있습니다. 그러므로 한 문단 베껴쓰기처럼 하루 한 문단이라도 매일 한다는 생각을 가지고 임하십시오.

중고등학생이나 대학생이라면 수업을 기다리는 10분 쉬는 시간을 활용할 수도 있습니다. 직장인이라면 회의를 기다리는 시간 동안 혹은 퇴근을 기다리는 킬링타임에 책상 앞에서 뭔가를 끼적이는 포즈를 취하며 시간을 활용할 수도 있을 것입니다.

한영대역 기사 활용을 위해서는 번거롭더라도 한 페이지에 두 쪽을 볼 수 있는 2단 출력을 활용하시기 바랍니다.

영작실력 향상을 위한 한영대역기사 활용이라면 왼편에 한국어 기사, 오른편에 영어 기사가 나오도록 출력합니다. 처음에는 반을 접어 왼편의 한국어 기사를 한번 봅니다. 그리고 자신은 영어로 어떻게 옮길지 잠시 메모하거나 머릿속으로 생각해봅니다. 이제 오른편의 영어 기사를 펴고 자신의 메모나 생각과 비교한 후 "아~"하고 고개를 끄덕이며 새로 알게 된 표현을 다시 한 번 되새김질 합니다.

영자신문 기사를 공부하기 위한 영한 2단 출력본

영한 번역 실력 향상을 위한 연습이라면 반대로 왼편에 영어기사, 오른편에 한국어 기사를 출력합니다. 처음에 반을 접어 영어 한 문단을 보고 한국어로 직접 번역을 해 봅니다. 그리고 오른편을 펼쳐 실제 한국어 기사는 어떻게 작성되어 있는지를 보며 자신의 번역본과 비교

를 해 봅니다.

　이런 방법은 특별히 첨삭선생을 고용하지 않고도 스스로 첨삭을 받을 수 있는 공부법입니다. 한 문단을 하는데 개인차가 있겠지만 10분 내외만 투자하시면 됩니다. 자투리 시간 버리지 마시고 지금 당장 컴퓨터와 프린터, 볼펜 그리고 적극적인 마음가짐을 준비하십시오.

영작실력 향상을 위한 영자신문 하루 한 문단 활용법
- A4 종이 왼편에 한국어 기사, 오른편에 영어 기사가 나오도록 2단 출력을 합니다.
- 종이를 반으로 접어 먼저 한국어 기사 한 문단을 보고 어떻게 영어로 옮길지 잠시 생각하거나 메모를 합니다.
- 오른편을 펴고 영어로 어떻게 옮겨져 있는지를 봅니다.
- 자신의 영작본과 비교하고 첨삭해 보며 정리합니다.

영한 번역 실력 향상을 위한 영자신문 하루 한 문단 활용법
- A4 종이 왼편에 영어 기사, 오른편에 한국어 기사가 나오도록 2단 출력을 합니다.
- 종이를 반으로 접어 먼저 영어 기사를 보고 한국어로 번역해서 메모를 합니다.
- 오른편을 펴고 한국어 기사로 어떻게 작성되어 있는지를 봅니다.
- 자신의 영한 번역본과 비교하고 첨삭해 보며 정리합니다.

영어방송

24시간 외국어 환경에 노출되어 있다고 해도 자신의 의지와 노력으로 얼마만큼 연구하고 고민하느냐에 따라 외국어를 익히는 시간은 줄어들 수도 있고 늘어날 수도 있습니다.
영어방송도 이 점을 정확히 직시하고 활용해야 효과가 있습니다.

1990년대 초반에 《베니스의 개성상인》이라는 소설이 출간되어 화제를 모은 적이 있습니다. 루벤스의 〈한복을 입은 남자〉에서 모티브를 얻은 작품입니다. 임진왜란 와중에 일본에 포로로 잡혀갔다가 우여곡절 끝에 이탈리아로 넘어가 무역상으로 자리를 잡은 개성상인의 이야기를 그린 소설입니다.

'그런데 이 개성상인은 어떻게 이태리어를 익혔을까?'

중3 때 집 책장에 꽂혀있던 책을 처음 본 순간 든 의문이었습니다. 요즘처럼 한-이태리어 사전이 있었을 리도 없고

루벤스, 〈한복을 입은 남자〉

무작정 맨땅에 헤딩하는 식으로 말을 배웠을까 하는 의문이 들었습니다. 물론 소설이었기에 그냥 지나쳐도 되는 의문이었습니다. 하지만 이후에 역사를 공부하면서 그런 의문은 계속 들었습니다.

'아주 먼 옛날부터 중국과 일본과 교류를 했을 텐데 우리 조상들은 어떻게 의사소통을 하고 서로의 말을 배웠을까?' '최초의 사전은 어떻게 만들어졌을까? 누가 그 일을 감당했을까?'

이런 식의 의문이 늘 있었습니다. 그리고 이런 의문은 요즘 길가다 마주치는 이주노동자분들을 봐도 듭니다. 몇 년씩 한국에 살았다고는 하지만 정말 유창하게 한국말을 하는 분들을 보면 깜짝 놀랄 때가 많습니다.

과연 내가 러시아나 동남아권의 나라에 가서 산다고 해서 그분들처럼 유창하게 말을 배워 써 먹을 수 있을까 하는 생각이 들곤 합니다. 혹은 체계적인 교육 없이 얼마나 시간을 들여야 그 정도로 말을 하고 알아들을 수 있을까 하는 궁금증이 들기도 합니다.

제 어린 조카들이 커가는 걸 보니 대개 돌을 지날 때쯤에는 무슨 말을 하는지 대충 알아듣고, 두 돌을 지날 때쯤부터 대부분 자기 의사 표현을 하는 것 같았습니다. 물론 어른이 되어 모국어로 된 사고체계와 지식기반이 갖추어진 후에 다른 언어를 익히는 건 또 다른 조건의 일입니다.

갓난아이들이야 남는 게 시간 밖에 없을 테니 텔레비전을 보고, 노래를 듣고, 어른들 대화를 지켜 보며 차근차근 말을 배워 나가는 게 당연합니다. 하지만 모국어 지식체계가 있는 성인들은 자신의 모국어 체계를 바탕으로 외국어를 비교분석하며 배워 나가는 게 순서일 것입니다. 어른이 된 후에는 일정한 노력이 필요하다는 얘기입니다.

24시간 외국어 환경에 노출되어 있다고 해도 자신의 의지와 노력으로 얼마만큼 연구하고 고민하느냐에 따라 외국어를 익히는 시간은 줄어들 수도 있고 늘어날 수도 있습니다. 영어방송도 이 점을 정확히 직시하고 활용해야 효과가 있습니다.

무조건 영어방송을 틀어 놓는다고 해서 3~4년 후 영어가 다 들리는 건 아닐 것입니다. 물론 이 방법도 무의식적으로 영어의 리듬과 감각을 익히는 데는 도움이 될 수도 있습니다. 저도 대학원 시절부터 통역관 군복무 시절까지 혼자 자는 날에는 인터넷으로 영어라디오 방송을 틀어 놓고 잠을 청했습니다. 밤새 영어의 바다에 빠져 잠을 잔 것입니다.

하지만 이 외에 집중적인 듣기훈련과 반복연습이 필요했던 건 사실입니다. 그리고 영어방송은 듣기와 읽기, 쓰기, 말하기를 동시에 공부할 수 있는 아주 훌륭한 종합매체였습니다. 저는 주로 뉴스와 미국드라마를 주교재로 활용했습니다.

뉴스는 앵커와 기자들이 수준 있으면서도 평이한 영어로 진행을 합니다. 외국인도 공부하기에 딱 맞는 방송교재임에 틀림없습니다. 그리고 시시각각 변하는 세계정세나 사람 사는 이야기를 접할 수 있으니 내 자신의 교양을 넓혀 나가는 데에도 큰 도움이 됩니다.

처음에는 인터넷으로 화면방송뉴스를 찾아보는 게 이해하기 편합니다. 아무래도 동영상과 화면이 덧붙여지면 무슨 말을 하는지 어림잡기 편하기 때문입니다. 그러나 일정 수준에 올랐다고 생각이 되면 지체 없이 라디오뉴스를 이용하십시오. 혹은 동영상 없이 뉴스를 청취하는 연습을 하십시오. 그림이 없이도 미간을 살짝 찌푸리며 무슨 말일까 유추해 보는 훈련이 듣기훈련의 백미입니다.

그리고 뉴스 외에 생활영어를 접해 보고 싶으시다면 드라마나 영화를 보시는 게 좋습니다. 처음에는 한글자막으로 보고 무슨 내용인지 이해를 합니다. 그리고 영어자막을 틀어 놓고 봅니다. 모르는 단어나 표현이 나오면 따로 적어 둡니다. 그 부분을 집중학습하거나 암기하면서 다시 정리합니다.

혹은 본인이 영어듣기가 좀 된다고 생각하시면 일단 듣고, 영어자막을 보며 더 이해하고, 한글자막으로 확인하는 순서를 취할 수도 있습니다. 어떤 방법을 택하든 본인의 수준에 맞게 조정하시면 됩니다. 그렇지만 절대로 간과할 수 없는 사실이 하나 있습니다.

본인의 노력과 실천이 뒤따라야 한다는 겁니다. 만약 베니스에 흘러들어간 개성상인 이야기가 사실이라면 그 옛날 조선인이 유럽에서 무역상으로 자리 잡기 위해 얼마나 치열한 노력을 기울였겠습니까. 또 고향과 가족을 멀리하고 돈을 벌기 위해 타향살이를 택한 우리나라의 이주노동자 분들은 한국에서 살아남기 위해 얼마나 많은 노력을 들여 우리말을 배우고 적응했겠습니까. 편안히 앉아 인터넷으로 영어뉴스나 드라마, 영화를 찾아보면서 다시 한 번 깊이 생각해 볼 일입니다.

영어뉴스나 드라마 중에 괜찮은 거는 뭐가 있을까요?

Q 영어방송으로 공부를 하고 싶은데 어떤 걸 가지고 어떻게 시작할지 모르겠습니다. 영어뉴스나 드라마 중에서 추천 부탁드립니다.

A 영어 학습자의 필요도와 수준에 따라 선택의 폭이 무궁무진합니다. 제 경험을 중심으로 몇 가지만 추천해드리겠습니다. 인터넷에 '영어듣기' '미드' '영어뉴스' 등의 검색어를 치시면 수많은 홈페이지가 나옵니다. 제 추천 외에도 자기에게 맞는 자료를 찾아 공부해나가시를 권해드립니다.

영어뉴스

일단 영어듣기 기초를 다지는 게 필요하다 싶으신 분들은 **VOA**Voice of America 방송을 활용하셔도 좋습니다. 여기에는 따로 영어공부를 위한 페이지도 있어서 초보자의 활용도가 높습니다.

미국 현지에서 제작해 한국어로 방송하는 **VOA Korea**도 있습니다. 여기에서는 한국어로 진행되는 영어교실 프로그램

www.voanews.com

www.voanews.com/korean

이 따로 꾸려져 있습니다. 국내에서 제작되는 영어교육 프로그램들과 별반 다르지 않다고 느끼실 수도 있습니다. 그러나 국내방송이건 해외방송이건 활용여부는 전적으로 학습자의 노력에 달린 문제입니다. 그리고 **VOA**는 미국정부의 입장을 대변하는 방송임을 감안하시고 방송내용에 대해서는 균형 잡힌 청취와 판단을 하시기 바랍니다. 그리고 보다 본격적으로 영어방송을 접해 보고 싶으시다면 미국 공영라디오방송인 **NPR**National Public Radio을 추천해 드립니다. 방송파일 내려 받기나 스크립트 다시

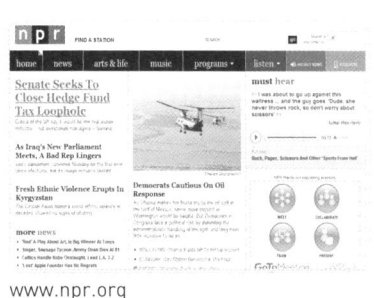

www.npr.org

www.apbroadcast.com

보기 등을 자유롭게 이용할 수 있는 장점이 있습니다. 딱딱한 뉴스를 주로 보도하지만 다양한 사람 사는 이야기나 오래된 음악과 영화, 스포츠 이야기도 전하기 때문에 영어권 일상문화의 한 면을 이해하는 데에도 좋습니다.

보다 속도감 있는 뉴스청취를 원하신다면 AP 뉴스를 활용하실 수 있습니다. 팩트 중심의 뉴스가 계속 업데이트 되고 간결하고 정리된 시사표현을 많이 접할 수 있습니다.

어느 방송사의 뉴스를 이용하건 간에 스크립트를 확보할 수 있는 방송을 우선 찾아보시기 바랍니다. 기본적으로 영어뉴스는 일단 듣고, 스크립트를 보고 정리해 나가는 순서를 취하시면 좋습니다. 하나도 안 들리고 모르겠다 하시면 일단 스크립트를 보고 내용을 파악한 후 듣기를 해 보는 역방향 연습을 하셔도 좋습니다. 그러나 듣기 능력이 조금 나아졌다고 판단되면 일단 듣고, 스크립트를 보는 방법으로 다시 돌아오셔야 합니다.

영어 드라마

드라마는 워낙 개인취향에 따라 선택이 달라질 수 있으므로 꼭 이 드라마를 봐야 한다고 말씀드리기가 힘든 게 사실입니다. 저는 개인적으로 정치와 사회문제 등에 관심이 많아 〈웨스트윙West Wing〉을 즐겨 본 편입니다. 특히 통역장교 시험 준비를 할 때 외교안보 분야의 회의장면이나 대통령 연설장면 등을 반복

미국 정치 드라마 〈웨스트윙〉

해서 봤습니다. 단순히 영어공부뿐만 아니라 드라마 자체가 시즌7까지 나올 정도로 내용이 흥미롭고 생각할 바를 많이 던져 주어서 아직도 가끔 틀어보곤 합니다. 이밖에 미국의 첫 여성 대통령을 소재로 그린 〈커맨더 인 치프Commander in Chief〉도 영어공부는 물론 미국 정치사회를 이해하는 데 빼놓을 수

없는 수작입니다.

이 두 작품에서는 시사적이고 정치적인 내용 외에도 백악관과 워싱턴 엘리트들의 일상적인 대화가 자주 나오기 때문에 고급스러운 회화표현을 맛보는 데도 안성맞춤입니다.

이외에 제가 한두 번이라도 본 드라마는 〈프렌즈Friends〉〈로스트Lost〉〈섹스 앤더 시티Sex And The City〉〈그레이 아나토미Grey's Anatomy〉〈본즈Bones〉〈배틀스타 갤럭티카Battlestar Galactica〉〈24〉〈밴드 오브 브라더스Band of Brothers〉 등이 있습니다.

제가 미처 언급을 못했어도 인구에 회자되고 있는 훌륭한 영어 드라마들이 많이 있습니다. 인터넷에 검색하시면 수십 종류의 드라마와 팬클럽 페이지 등이 있으니 흥미를 가질만한 내용의 드라마를 찾아 자주 돌려 보고 대사도 외워 보는 등 적극적인 활용을 해 보시기 바랍니다.

MP3

　MP3는 고음질의 오디오 압축 기술입니다. CD보다 50배 정도의 압축률을 자랑합니다. 영어공부도 압축적으로 할 수 있게 해 주는 고마운 친구입니다. 여기서는 생활 속에서 짬짬이 활용할 수 있는 MP3 이용법을 소개하겠습니다.

　먼저 듣기 자체에 두려움을 가지고 계신 초보자 분들을 위한 방법입니다. 처음 듣는 내용은 거의 안 들리거나, 반 이상 알아듣지 못하신 경우에 활용할 수 있습니다. 제가 들리는 것보다 안 들리는 게 더 많았던 시절에 쓰던 방법입니다.

　대개 들릴 때까지 무조건 들으라고 권하지만 사실 이건 고문이나 마찬가지입니다. 그래서 전 영어 음성파일을 듣기 전에 먼저 스크립트를 봤습니다. 스크립트를 보고 모르는 단어나 표현을 정리하고 몇 번 소리 내어 읽었습니다. 대강의 이야기 흐름이 파악되면 그때서야 음성파일을 돌려서 들었습니다.

　영어뉴스 사이트에 가면 음성파일과 스크립트를 다운받을 수 있는 곳이 여러 군데 있습니다. 유명 어학원 홈페이지에도 링크를 걸어두거나 직접 음성파일과 스크립트를 공개해 놓은 곳도 많습니다.

　거기서 다운을 받아 일주일에 뉴스 한 꼭지나 영화의 한 장면을 거의 암기할 정도로 반복해서 들었습니다. 차 안에서나, 혼자 걸을 때나, 화장실에 있을 때 등등 최대한 많은 자투리 시간에 귀를 열어 두었습니다. 이렇게 반복하다 보니 조금씩 들리는 게 많아지기 시작했

습니다.

그래서 조금 실력이 쌓이고 뉴스나 영화대사 음성파일 청취에 익숙해졌을 무렵에는 스크립트를 안 보고 일단 먼저 듣는 걸 시도했습니다. 일주일에 뉴스 한 꼭지나 영화 한 장면을 소화하는 게 목표였습니다. 이전과 다른 게 있다면 하루 이틀 정도는 일단 먼저 듣는 겁니다. 그렇게 내용을 파악하고 나서 보통 3일째 스크립트를 봤습니다.

거기서 잘못 알아들었거나 모르던 표현과 단어를 정리하고 3일, 4일, 5일, 6일 차는 다시 틈나는 대로 반복청취를 했습니다. 그리고 마지막 7일은 다시 한 번 스크립트를 보고 정리했습니다.

7일차에 스크립트를 보고 정리하는 걸 꼭 책상에 가지런히 앉아서 했던 건 아닙니다. 한 번 본 적이 있기 때문에 차안이나 누워서 자기 전 자투리 시간에 다시 보면서 까먹은 거 주워 담고 챙기는 정도였습니다. 하지만 그 주기적인 공부의 리듬을 잃지 않기 위해 주의를 기울였습니다.

꼭 일주일짜리 프로그램이 아니더라도 2~3일 공부를 했으면 4일차에는 반복정리를 해 주는 게 필요합니다. 그래야 늘어지지 않고 머릿속에 저장되는 압축률이 높아집니다. 사람의 기억력에 한계가 있어서 주기적으로 반복하고 정리를 해 줘야 저장되고, 압축이 됩니다.

아주 손쉽게 많은 양을 선명하게 압축해서 곁을 지켜주는 MP3파일 같은 친구가 있으니 그리 어려운 일도 아닙니다. 테이프의 구간을 맞추고, 카세트 플레이어 크기 때문에 조금은 불편했던 영어공부가 아주 콤팩트한 MP3의 등장으로 상당히 편리해진 게 사실입니다.

통역학원을 다닐 때 보니 '찍찍이'라고 구간반복 기능이 있는 어학용 카세트가 있기는 했습니다. '찍찍이'는 구간반복을 할 때 '찍찍' 소리가 나서 붙여진 별칭입니다. 그러나 이건 전문적으로 고도의 영어 학습을 하시는 분들이라면 몰라도 생활 속에서 자투리 시간을 활용하실 분들이라면 쓰시기 불편할지도 모릅니다. 집중적으로 반복해서 들어 가며 통역연습을 하거나 단기간에 듣기훈련을 많이 하셔야 할 분들만 사용하시기 바랍니다.

저도 통역장교 준비를 했지만 이걸 따로 구입해서 사용한 적은 없습니다. 통역학원에서 나눠 주는 테이프도 그냥 고등학교 때 쓰던 구닥다리 마이마이로 돌려서 들었습니다. 그리고 대부분 MP3파일로 따로 공부했습니다. 또 잠잘 때, 인터넷 라디오 방송이나 그 주에 공부했던 내용의 MP3파일을 틀어 놓았습니다. 무의식 중에서도 영어에 귀를 열어 놓고 잠을 잤습니다.

어느 옛 선현이 사람이 생각하고 집중하기 가장 좋은 시간으로 말을 타고 길가는 시간, 뒷일을 보는 시간, 잠을 청하는 시간을 꼽은 적이 있습니다. 요즘으로 치자면 버스나 지하철 안, 화장실 안, 이부자리 안에 막 들어가 있는 시간입니다.

영어학습용 카세트 플레이어 '찍찍이'

책상 위에서 보내는 자투리 시간에 영자신문 한 단락 보며 베껴쓰기나 번역연습을 했다면 출퇴근이나 등하교 시간, 온전히 혼자 있는 화장실의 고요한 시간, 잠들기 전 편안한 자투리 시간에는 영어 음성

파일에 귀를 열어 보시기 바랍니다.

　따로 시간 내서 청취하겠다고 미루어 두지 마시고 그냥 짧은 거라도 일주일에 한 편씩 꼬박꼬박 들어 보십시오. 육 개월 뒤, 일 년 뒤에 '내 귀에 번역기를 달았나' 하고 놀라는 순간이 찾아 올 수 있습니다.

듣기 초보자를 위한 MP3 활용법
- 영어뉴스 기사 한 꼭지 혹은 영어 드라마, 영화 한 장면 스크립트와 음성 파일을 다운받습니다
- 우선 스크립트의 내용을 숙지합니다. 모르는 단어나 표현을 정리합니다.
- 스크립트를 보며 한 번 듣습니다.
- 스크립트를 덮고 생활하는 틈틈이 거의 외울 정도로 5~6일 반복해서 듣습니다.
- 7일째 되는 날 다시 스크립트를 보고 들으며 내용을 정리합니다.
- 다음 주에는 다른 영어기사 한 꼭지 혹은 영어 드라마, 영화 한 장면을 다운받아 일주일 단위로 이 사이클을 반복합니다. 처음 듣는 내용도 반 이상 들릴 정도로 실력이 향상될 때까지 수 개월 간 연습이 필요합니다.

처음 듣는 내용도 반 이상 들을 수 있는 분들을 위한 MP3 활용법
- 영어뉴스 기사 한 꼭지 혹은 영어 드라마, 영화 한 장면 스크립트와 음성 파일을 다운받습니다.
- 일단 듣습니다. 2~3일째까지 일단 먼저 들리는 데까지 생활하는 틈틈이 들어 봅니다.
- 3일째 되는 날 스크립트를 펴 봅니다. 알아들었던 부분과 못 알아들은 부분 혹은 잘못 알아들은 부분을 점검합니다. 모르던 단어나 표현도 정리합니다.
- 4,5,6일차에는 스크립트 점검 내용을 바탕으로 거의 외울 정도로 계속 반복해서 듣습니다.
- 7일차에는 다시 스크립트를 보고 들으며 최종 정리를 합니다.
- 다음 주에는 다른 영어뉴스 기사 한 꼭지 혹은 영어 드라마, 영화 한 장면을 다운받아 이 사이클을 반복합니다.

시험영어

처음부터 문제풀이 기술과 비법에만
너무 연연하지 마십시오. 어렵고 힘들더라도
진짜 영어실력을 늘리기 위한 노력을
먼저 경주하십시오.

"시험 잘 보려면 누구한테 물어 보는 게 제일 좋을까?"

동네 학원에서 중고등학교 논술과 국어, 영어, 사회 같은 과목을 가르치던 강사 시절에 종종 학생들에게 던졌던 질문입니다.

"반장이요!"

"공부 제일 잘하는 애한테요!"

학생들은 나름대로의 답을 내놓았습니다. 하지만 정답은 문제 출제하는 선생님입니다. 시험문제를 내는 사람한테 자꾸 물어 보고 정보를 파악하는 게 시험점수를 잘 받는 지름길입니다.

시험영어도 마찬가지입니다. 토플, 토익, 텝스, IELTS 같은 영어시험 점수를 잘 받기 위해서는 그 시험문제를 내는 사람들을 직접 만나서 이야기해 보고 강의도 들어 보는 게 제일 빠른 길입니다. 현실적으로 그게 여의치 않으니 우리가 보통 하는 방법이 죽어라고 기출문제를 풀어 보는 겁니다.

　학원가에 가면 기출문제를 바탕으로 기가 막히게 문제풀이 방식을 정리해서 강의를 하는 선생님들도 많습니다. 실제로 그 분들은 광범위한 데이터를 바탕으로 진짜 시험문제와 유사한 예상문제들을 만들어 강의합니다. 시험영어에서 고득점을 받으려면 이런 선생님들과 어학원의 도움이 필요한 게 사실입니다. 그리고 한국만큼 어학원 시스템이 발달한 곳도 지구상에 아마 없을 겁니다. 천혜의 조건을 잘만 활용하면 적은 노력으로도 시험에서 고득점을 올릴 수 있습니다. 하지만 여기에도 빠질 수 없는 대전제가 하나 있습니다. 바로 본인의 노력과 진짜 실력이 받쳐 주어야 한다는 사실입니다.

　설사 공인영어시험을 출제하는 사람을 실제로 만나 이야기를 들을 기회가 있다고 합시다. 그래도 그 출제자가 말하는 바가 무슨 의도인지 정확히 알 수 없다면 말짱 도루묵입니다. 시험출제자가 무슨 말을 하는지 그 의도를 간파하고 나름대로의 준비계획을 세울 수 있는 힘은 바로 자기의 진짜 영어실력과 실천하는 노력에서 나옵니다.

　일 년 내내 족집게 선생님의 학원 강의를 듣는다고 해도 본인 스스로 예습·복습을 안 하고, 자기실력을 쌓는 노력을 안 한다면 돈과 시간만 날리는 일입니다. 족집게 선생님들의 문제풀이 비법을 즉각 알아듣고 자기 식으로 응용하기 위해서는 선생님이 강의준비를 위해 쏟는 열정과 노력의 반이라도 본인이 쏟아 부어야 합니다. 그래야 통합니다.

　본인 스스로 할 수 있는 시험영어에 대한 노력과 고민은 여러 가지 방법이 있을 수 있습니다. 그 중에서 적극적으로 추천해 드리고 싶은 방법은 무어니 무어니 해도 기출문제 풀이입니다. 기출문제 풀이가 처음에는 막막하고 힘들 수 있습니다. 아주 실망스럽고 절망적인 상황을 맞을 수 있습니다. 그렇다고 해서 처음부터 문제풀이 기술과 비법에만 너무 연연하지 마십시오. 어렵고 힘들더라도 진짜 영어실력을 늘리기 위한 노력을 먼저 경주하십시오. 제 경우는 이랬습니다.

저는 대학교나 대학원 다닐 때 공인영어시험을 본 적이 없었습니다. 대학원을 졸업하고 군대 갈 고민을 할 때 처음으로 토익을 봤습니다. 카투사에 지원하려면 토익점수가 있어야 한다고 했습니다. 별다른 준비를 안 하고 연습 삼아 보자는 마음으로 시험을 치렀습니다. 700점대의 점수가 나왔습니다. 카투사 지원가능 점수였습니다. 하지만 카투사 선발추첨에서는 당첨되지 않았습니다.

한 해가 지나고 통역장교 시험 준비를 하려고 하는데 육군통역장교 같은 경우 토익 900점 이상이 돼야 지원서를 낼 수 있었습니다. 700점대의 점수를 받던 놈이라 900점대는 아주 까마득한 고지 같았습니다. 실제로 까마득했습니다. 3개월 정도를 내리 시험을 보는데 750점, 800점, 850점 정도를 왔다 갔다 하면서 도대체 900점 고지에 접어들 기미가 보이지 않았습니다.

마침내 원서접수 기한에 맞추어 900점 점수를 얻을 수 있는 마지막 시험기회가 왔습니다. 뉴욕대 출신의 제 통역장교 스터디 파트너는 이미 990점을 일찌감치 받아 둔 상태였습니다. 마지막 한 달 동안 기출문제 풀이에 전력투구했습니다. 족집게 강의로 유명한 선생님의 인터넷 동영상 수업도 들었습니다. 이 마지막 한 달 동안은 제가 통역학원에서 스터디도 공격적으로 벌이고 영어공부 자체에 모든 걸 올인하고 있던 시기였습니다. 핸드폰 언어설정도 영어로 바꾼 상태였습니다.

그런 각오로 임하니 족집게 수업이 무슨 말을 하는지 나름대로 맥이 잡히기 시작했습니다. 족집게 강의를 따라가기 급급한 것이 아니라 제가 통역공부를 하며 터득한 나름대로의 독해 방식 등에 맞추어 응용이 가능한 상태가 되었습니다. 그리고 마지막 시험에서 905점을 받아 간신히 육군통역장교 응시원서를 낼 수 있었습니다.

나중에 해군통역장교 합격발표일이 육군통역장교 시험일보다 앞서 있어서 저는 결과적으로 육군통역장교 통번역 실기시험에는 응시하지 않았습니다. 해군통역장교로 이미 합격해 버렸기 때문입니다. 운 좋게도 빨리 합격을 하고 마음 편하게 지낼 수 있어 다행이었습니다. 만약 해군통역장교가 떨어지고 불안감이 가득한 상태에서 육군통역장교 시험을 봤다면 그 결과도 장담하지 못했을 겁니다. 더군다나 토익 점수를 못 받아서 아예 육군통역장교 원서도 못 내고 해군에 모든 걸 걸어야 하는 상태에서 해군시험을 봤더라도 긴장감은 아주 더했을 겁니다.

이처럼 공인영어시험은 턱걸이 점수라도 웬만큼 확보를 해 놔야 다양하게 쓸모를 찾을 수 있습니다. 대학 졸업시험, 취업시험, 각종 고시 그리고 대학교 수시입학전형에까지 다양하게 공인영어점수가 필요한 시대입니다. 저처럼 대학교 때 영어에 손 놓고 지내다가 군대 갈 때인 벼랑 끝에서 점수 만들기에 급급했던 우를 범하지 않으셨으면 좋겠습니다.

미리미리 준비하시되 기본준비는 진짜 영어실력을 쌓는다는 느낌으로 시작하십시오. 진짜 영어실력은 앞서 말씀드린 스터디나 영자신문, 영어방송 등의 각종 매체를 적극 활용해서 꾸준히 했을 때 얻으실 수 있습니다. 진짜 영어실력이 있다면 기출문제 풀이 등 기술적인 요소들은 어학원이나 스터디 고수들의 도움을 받아 스스로 발전시켜 나갈 수 있습니다.

나한테 필요한 공인영어시험은 어떤 게 있을까요?

Q 공인영어시험이 여러 가지가 있지 않습니까? 이 중에서 시험점수만 따기 쉬운 게 아니라 직접 영어실력을 향상시키는 데에도 도움이 되는 시험은 어떤 게 있을까요?

A 시험영어를 준비하면서 동시에 진짜 영어실력도 향상시킬 수 있다면 제일 좋겠죠. 실제로 시험영어를 제대로 공부하다 보면 영어실력의 근본적 향상에도 도움을 받을 수 있는 게 사실입니다. 제가 지적하고 싶은 것은 요행을 바라듯이 문제풀이 기술만을 익히려는 태도입니다. 이런 태도를 멀리하고 진지하게 시험영어를 공부한다면 그것 자체로도 이미 훌륭한 영어공부입니다.

각자 영어공부를 하시면서 나름의 목적이 있으실 겁니다. 생활영어 실력을 늘리고 싶다든지, 독해실력을 늘리고 싶다든지, 아카데믹한 청취실력을 늘리고 싶다든지 하는 특정한 목적이 있으실 겁니다. 물론 이것들을 모두 잘하고 싶은 게 제일 큰 목적이실 테고요.

각각의 목적에 맞추어 시험영어도 강조하는 분야나 스타일이 조금씩 차이가 있습니다. 개략적인 내용을 아래처럼 정리해 드리니 참고하시어 필요한 분야의 영어시험을 준비하시면 좋겠습니다.

토익 TOEIC Test of English for International Communication

미국의 ETS Educational Testing Service, 교육평가원가 외국인이 영어를 국제공용어로써 얼마나 잘 활용하는가를 측정하기 위해 개발한 시험입니다. 의사소통 능력 자체를 중점적으로 평가하므로 전문적인 어휘나 내용보다는 일상적인 업무, 사무실 생활, 전화대화, 공지사항, 여행회화 등이 문제의 소재로 많이 나옵니다. 2백 문항으로 듣기 · 독해 평가가 각각 반반을 차지하고 있으나 듣기평가에 약 20점 정도 가중치가 있는 것으로 알려져 있습니다. 990점을 보통 만점이라고 봅니다. 한국에서는 1982년에 처음 실시되었습니다. 현재 가장 광범위하

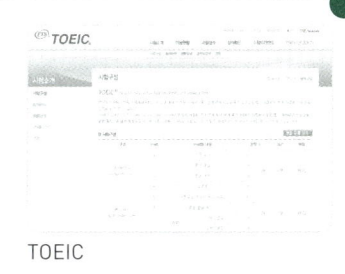

TOEIC

게 이용되는 공인영어시험의 대명사입니다. 스피킹 시험도 도입되어 실시되고 있습니다. 자세한 사항은 공식 사이트 http://exam.ybmsisa.com를 참고하시기 바랍니다.

토플 TOEFL Test of English as a Foreign Language

토플은 어휘 · 문법 · 독해 위주의 평가시험입니다. 실제 미국 대학에서 학업 수행에 필요한 영어능력을 평가하는 데 주안점을 둡니다. 원서교재를 읽고 리포트를 작성하거나 교수의 강의를 차질 없이 들을 수 있는 능력을 측정하는 게 주목적입니다. 따라서 토익보다는 전문적인 어휘나 개념이 등장합니

TOEFL

다. 유학을 생각하고 있다면 반드시 거쳐야 할 관문입니다. 외국에 직접 진출하여 일하고자 할 때도 공식적인 영어능력의 척도로 많이 활용됩니다. 종전의 PBTPaper-based Test는 거의 쓰이지 않고, CBTComputer-based Test를 거쳐 현재는 IBTInternet-based Test가 주된 시험방식입니다. 듣기 · 독해 · 말하기 · 쓰기의 네 영역으로 구성되어 있고 각 영역 30점씩 총 120점 만점입니다. 유학을 위해서는 대개 90점 이상을 받아야 합니다. 일부 대학들은 100점 이상의 점수를 요구하니 염두에 두시기 바랍니다. 자세한 사항은 http://www.toefl.org에서 확인하시기 바랍니다.

텝스 TEPS Test of English Proficiency developed by Seoul National University

텝스는 국내산 영어시험입니다. 서울대 언어교육원이 연구개발한 영어능력 측정시험입니다. 특히 한국어를 모국어를 사용해서 빚어지기 쉬운 영어사용의 오류를 검증하고 평가하는 데 그 특징이 있습니다. 텝스 시험교재를 공부하다 보면 한국인이 범하기 쉬운 어법이나 표현을 많이 다루고 있는 걸 알 수 있습니다. 듣기 · 문법 · 어휘 · 독해의 네 분야에 걸쳐 시험이 이루어집니다. 외국인으로서 최상급 의사소통능력을 가진 901~990점의 1+급부터 외국인으로서 최하급 의사소통능력을 가졌다고 평가되는 5급10~100점까지 100점 단위로 급수를 나누어 성적평가를 합니다.
국내 취업이나 대학졸업인증 영
어시험제출 용도로 많이 쓰입니
다. 문법이나 어휘 분야에서 한국
인으로서의 기초를 다지는 공부
를 하고 싶다면 추천할 만한 시험

TEPS

입니다. 자세한 사항은 http://www.teps.or.kr에서 확인하
시기 바랍니다.

IELTS International English Language Testing System

IELTS는 보통 '아이엘츠'라고 발음합니다. IELTS
Australia와 캠브리지 대학, 영국문화원이 공동 개발하여 시
행하고 있습니다. IELTS는 듣기·독해·말하기·쓰기의 네
영역을 평가합니다. 주로 영연방 국가권영국, 호주,캐나다, 뉴질랜드 등
으로의 유학이나 이민, 취업을 위해서 필요한 시험입니다. 시
간이 갈수록 미국에서도 그 활용도가 높아지고 있습니다. 특
히 말하기 시험 분야는 시험관과 1:1로 대화하는 형식을 갖
추고 있습니다. 사람을 앞에 두고
말하므로 실제 대화상황과 가장
유사한 시험방식을 가지고 있다
고 할 수 있습니다. 그러나 그만
큼 시험관의 주관적 평가요소도
있을 수 있기 때문에, 말하기 분

IELTS

야에 있어서 철저한 대비가 필요합니다. 자세한 사항은 http://www.ieltskorea.org에서 확인하시기 바랍니다.

위의 네 가지 시험 토익, 토플, 텝스, IELTS이 가장 이용도가 높은 공인영어시험입니다. 대체로 종합적인 영어능력이 뒷받침되어야 하고 특히 최근에는 말하기 평가가 중요해지는 경향입니다. 토플과 IELTS는 기본 시험 분야에 이미 말하기와 쓰기가 포함되어 있고 토익이나 텝스도 별도의 시험 분야로 말하기와 쓰기를 구성하여 평가하고 있습니다. 예전처럼 읽고 듣는 수준이 아닌 더욱 높은 수준의 영어실력을 요구하고 있습니다. 단순한 시험문제풀이 비법이나 기술로는 해결이 안 되는 시대가 되었습니다. 본인의 진짜 영어실력을 늘리기 위한 많은 노력이 더욱 절실해졌다고 하겠습니다.

국내파와 해외파에게 듣는다

국내파와 해외파의 특징을 단 두 사람의 이야기만 듣고
일반화시킬 수는 없을 것입니다. 그러나 두 사람 모두 외국어 공부를
하는 데 있어 필요한 점을 공통적으로 지적하고 있었습니다.
그것은 바로 노력입니다.

영어공부를 하다 보면 내 방법이 옳은지 그른지 혹은 다른 좋은 방법은 더 없는지 늘 궁금해집니다. 저도 주변에 있는 영어를 잘하는 사람들한테 종종 이 문제를 물어보곤 합니다. 지인 중에 영어를 능숙하게 하는 국내파와 해외파 한 분씩과 나눈 이야기를 소개합니다.

국내파 지인으로는 해군통역관 출신의 김태원 씨와 많은 이야기를 나누었습니다. 김태원 씨는 대학에서 영어를 공부했고 계속 영어 분야와 관련된 일에 종사하려는 뜻을 가지고 있습니다. 영어 전공과는 별 상관없는 삶을 살아왔던 저하고는 다른 이야기를 들려줄 수 있으리라 생각됐습니다.

해외파로는 외교관 자녀 출신의 이세경 씨와 많은 이야기를 나누었습니다. 제 아내이기도 한 이세경 씨는 콜롬비아, 이탈리아, 미국, 칠레, 독일, 스페인에 거주한 경험이 있습니다. 어린 시절부터 생활에

"영어공부에 관한 궁금증, 저도 같이 나누고 싶습니다." 김태원
(tarwin83@yahoo.co.kr)

서 영어를 체득한 사람은 영어에 대해 어떤 인상과 학습법을 가지고 있는지 궁금했습니다.

먼저 김태원 씨는 영문학도임에도 불구하고 대학 초년생 때 토익 400점대 초반의 점수를 받는 정도의 수준이었습니다. 그러나 6개월 간 24시간 영어환경에 노출되도록 스스로를 몰아넣고 노력한 결과 오늘날과 같은 영어실력을 쌓을 수 있었습니다. "물이 100도가 넘어야 팔팔 끓듯이 영어도 끓는점을 넘으려는 노력이 필요하다"고 이야기하는 김태원 씨는 "즐겁게 6개월만 미치면 '영어'라는 강한 날개를 달 수 있다"고 자신 있게 말했습니다.

Q 먼저 영어에 관심을 가지게 된 계기부터 말씀해 주시죠.

초등학교 5학년 때 영어회화 학원에서 처음 미국인 선생님을 만났습니다. 그 때부터 영어에 관심을 갖기 시작했습니다. 재미있고 다정다감했던 선생님에 끌려 자연스럽게 영어에 빠져들었습니다. 그리고 중학교에 올라가면서 농구에 큰 관심을 가지게 되었는데 미국 NBA를 빼놓지 않고 시청하는 열혈 팬이 되었습니다. AFKN 생방송 중계를 보기 위해 새벽부터 일어나 뻘건 눈으로 경기를 보기도 했습니다. 좋아하는 경기는 녹화해서 수도 없이 반복해 봤습니다. 그러면서 캐스터들의 말을 흉내 내고 영어의 리듬을 익혔던 것 같습니다. 하지만 아직 영어 수준은 한참 낮았습니다. 해설자가 흥분하며 외친 '언빌리버블'이 unbelievable이라는 사실을 아주 나중에야 알게 될 정도였습니다.

Q 자라면서 영어공부를 가장 열심히 했던 시기는 언제였습니까?

사실 영어에 관심이 있기는 했지만 진지하게 공부해 본 적이 10대의 학창시절에는 없었습니다. 심지어 남들이 모두 공부하는 《성문영어》와 《맨투맨》도 관심 밖이었습니다. 어설픈 영어실력은 결국 고등학교에 들어오자 밑천을 드러냈습니다. 영어성적이 많이 떨어졌고 영어에 대한 관심과 흥미도 줄었습니다. 하지만 대학 전공은 영어학을 선택하게 되었습니다. 그 때부터 영어에 대한 열정에 다시 불을 붙이고 정말 열심히 공부했습니다.

Q 특별히 영어학을 선택하고 영어공부에 불을 붙인 이유가 있었습니까?

고등학교 시절 전반적으로 공부를 게을리한 면이 있었습니다. 그래도 영어만큼은 잘하고 싶었고 잘할 수 있으리라 생각했습니다. 영어학을 선택한 이유도 공부를 게을리해서 뒤처진 제 실력을 만회해 보고 싶은 생각이 있어서입니다. 그래서 대학 입학 이후 야심차게 영어완전정복의 꿈을 구체화시키기 시작했습니다. 우선 제 실력을 판단하기 위해 토익시험을 봤습니다. 그런데 결과가 400점대 초반이 나왔습니다. 충격적이었고 영어 전공자로서 공부의 필요성을 정말로 느낀 순간이었습니다.

Q 영어학도의 점수라고 하기에는 많이 부족했군요

그랬습니다. 일단 기초가 부족했습니다. 막연한 관심만 있었지 중고등학교 때 공부를 안 한 결과였습니다. 기초가 부족하다는 판단에 쉬운 문법책을 한 권 구입했습니다. 그리고 첫 장부터 마지막 장까지 꼼꼼하게 읽었습니다. 모르는 문법이 있으면 교수님들에게 찾아가 여쭤 보기도 했습니다. 중고등학교 때 했어야 할 일을 대학에 가서 하고 있었습니다만 물불 가리지 않고 열심히 했습니다. 그렇게 몇 달 문법만 집중적으로 공부하니 영어문장의 구조가 눈에 들어오기 시작했습니다. 뼈대가 잡히니 자신감이 생겼고 영어공부에 더욱 탄력이 붙었습니다.

Q 공부에 탄력이 붙었으니 공부를 더 깊게 했을 것 같은데 어떤 식으로 했습니까?

본격적으로 말하기·듣기·쓰기·읽기를 통합적으로 하고 싶었습니다. 그래서 영어학습법 관련 책을 많이 봤는데 정철 선생님이 1970년대에 홀로 공부했던 이야기가 인상 깊었습니다. 방법은 매우 간단했습니다. 영화대사를 외우고 따라하는 것이었습니다. 할리우드 영화의 대사를 그대로 따라하고 입에서 자연스럽게 나올 때까지 연습하는 것이었습니다. 나도 한번 해 보자는 각오로 똑같이 실천에 옮겼습니다. 2004년 1월 1일, 대학교 2학년을 마치고 휴학을 하면서 오로지 영어만 공부할 수 있는 환경으로 공부방을 꾸몄습니다. 새해 첫날부터 24시간 영어에 노출될 수 있도록 환경을 만들었습니다. 당시 유명한 미국 시트콤 〈프렌즈〉와 영어뉴스를 외우고, 원서와 영자신문을 읽어나갔습니다. 모니터 속 미국 배우들과 최대한 똑같이 소리 내고 반복했습니다. 따라 하기 힘든 문장은 다시 반복하고 암기했습니다. 그럴싸하게 따라하면 거기서 보람과 성취감 같은 걸 혼자서 느끼기도 했습니다(웃음). 쓰기는 토플 에세이 교재를 사용했습니다. 적당한 분량의 에세이를 다양한 주제에서 골라 그대로 베껴 썼습니다. 그리고 그날 썼던 문장을 최대한 활용해 일기를 쓰고 잠자리에 들었습니다. 당시에는 1분 1초가 아까워서 잠잘 때에도 영어뉴스, 식사할 때도 영어뉴스, 심지어 샤워할 때도 스피커 달린 카세트를 틀어 놓았을 정도였습니다. 그렇게 6개월 정도를 보내니 영어실력이 몰라보게 향상되어 있었습니다. 그때 노력이 현재 제 영어의 탄탄한 밑거름이 되었습니다.

Q 놀랍습니다. 그렇게까지 영어공부에 매진할 수 있었던 원동력이 무엇이었습니까?

사람마다 편차가 있겠지만 저는 일단 영어공부가 정말 즐거웠습니다. 그리고 20대 젊은 날에 제 스스로 정한 목표를 이루어 보자는 절실함과 열정이 있었던 것 같습니다.

Q 통역장교를 지원한 것도 영어공부와 관련이 있겠지요?

그렇습니다. 대학교 3학년으로 복학한 뒤 군대문제에 대해 뒤늦게 생각하게 되었습니다. 카투사에 지원했지만 무작위 추첨방식이라 최종 선발되지 않았습니다. 영어를 활용할 수 있는 다른 군복무 방안을 알아보다가 통역장교가 있다는 걸 알게 됐습니다. 계속 영어공부를 할 수 있고, 영어로 업무를 할 수 있다는 것 그리고 전역 후에도 통역장교 선후배들끼리 끈끈한 유대관계가 유지된다는 소문을 듣고 큰 매력을 느꼈습니다.

Q 현재 활용하는 영어학습법은 어떤 게 있습니까?

통역장교가 된 후 단지 영어를 잘한다는 거와 통역을 한다는 건 다르다는 걸 느꼈습니다. 충분한 배경지식이 있어야 화자가 전달하려는 내용과 흐름을 이해하고 훌륭한 통역을 할 수 있습니다. 그리고 사령관님들의 대화 중 군사 분야 뿐만 아니라 시사, 문화, 역사 등 다양한 분야가 거론되기 때문에 '감'을 잃지 않기 위해 다방면의 공부를 병행해야 했습니다. 그래야 영어를 제대로 써 먹을 수 있다고 생각했습니다. 그래서 관심의 폭을 넓히고 다양한 소식과 기사를 읽는 편입니다. 그리고 백악관 홈페이지를 활용해서 오바마 대통령의 주례연설과 대변인의 기자회견 등을 보며 수준 높고 깔끔한 영어표현을 중점적으로 학습하고 있습니다.

Q 끝으로 추천하고 싶은 영어학습법이 있다면 말씀해 주시죠

모국어가 아닌 외국어를 완벽히 습득한다는 것은 사실 매우 힘든 일입니다. 하지만 딱 6개월만 미치면 지난 몇 년 동안 공부해 온 것보다 차원이 다른 효과를 얻을 수 있을 겁니다. 개인적으로 저는 하루에 1시간씩 10년 공부하는 것보다는 하루 18시간씩 6개월 공부하는 걸 추천합니다. 물이 100도가 넘어야 팔팔 끓듯이 영어실력도 그 끓는점을 넘기려면 굳은 의지와 상당한 노력이 필요합니다. 각자 맞는 영어공부법을 찾고 지속적으로 동기부여만 된다면 그 6개월은 인생에서 정말 소중한 시간이 될 것입니다. 구체적으로 저는 영화나 드라마 한 편을 완벽하게 외우는 걸 시도해 보라고 권유하고 싶습니다.

일상생활을 잘 반영하는 멜로나 코미디 같은 쉬운 장르를 택해서 영문대본을 봐 가며 외우고 따라 해 보는 겁니다. 그리고 이렇게 외운 표현을 혼자만 간직하지 말고 여기저기서 써 봐야 합니다. 회화학원이나 스터디 모임에 나가 사람들과 영어로 의사소통을 해 보고 안 되는 부분을 점검해서 다시 보강하려는 추가적인 노력을 꾸준히 해야 합니다. 인터넷과 휴대기기가 발달했기에 주변에 영어 학습환경은 마음먹기에 따라서 얼마든지 원하는 만큼 꾸밀 수 있습니다. 즐겁게 6개월만 미쳐 보는 실천과 노력이 중요합니다.

이어서 해외파의 이야기를 들어 보겠습니다. 이세경 씨는 이탈리아에서 유치원을 다녔고 미국에서 초등학교, 칠레와 독일에서 국제학교를 다닌 적이 있습니다. 어려서부터 다양한 국제적인 환경에 노출되어 자연스럽게 외국어를 습득한 경우입니다. "한국말을 할 때

어려서부터 한국과 외국을 오가며 자란 해외파 이세경 씨

와 영어를 할 때 두 개의 안테나와 채널이 있는 것 같다"고 이야기하는 이세경 씨는 "내가 영어로 자연스럽고 편하게 말을 할 수 있지만 한국에서만 교육받으신 외교관 아버지가 고급표현은 훨씬 더 잘 쓰신다"며 영어 학습에 있어서 후천적인 노력을 간과할 수 없다는 뜻을 내비쳤습니다.

Q 먼저 자라 온 환경을 간단히 설명해 주시죠

태어나기는 서울에서 났습니다. 하지만 두 살 때부터 아버지의 근무지를 따라 콜롬비아, 이탈리아, 미국, 칠레, 독일, 스페인 등으로 이사를 다녔습니다. 중간에 아버지께서 한국에서 근무할 때에는 한국에서 생활했지만 자라오면서 총 14년 가량을 외국에서 살았습니다. 한국말과 외국어가 섞여 있는 환경에서 살아왔습니다. 집 안에서는 할머니가 계셔서 영어로 대화하는 걸 부모님께서 엄격하게 금하셨습니다. 고등학교와 대학교도 한국에서 다녀서 한국말 의사소통도 큰 문제는 없습니다. 다만 어려서 국제학교를 다니며 이 나라, 저 나라 친구들과 어울리다 보니 제 머릿속에 한국어와 외국어를 대하는 두 개의 안테나와 채널이 생긴 것 같습니다.

Q 구체적으로 더 설명을 해 주시죠

순전히 저의 느낌일 뿐이지만 영어를 말할 때와 한국어로 말할 때 각각 다른 안테나와 채널이 열린다는 생각이 듭니다. 말하는 방식과 사고방식도 조금씩은 달라지는 것 같고요. 그리고 편한 사람들과 있을 때는 양쪽이 섞여서 나오기도 합니다. 예컨대 한국말로 존댓말을 쓰던 상대라도 편하고 긴장을 늦추고 있으면 "You go there?"라는 영어문장이 순식간에 "거기 가?"로 바뀌어서 나와 버리기도 합니다. 영어건, 한국어건 신경 써서 한쪽 채널만 열어 놓고 대화할 때는 정확하게 말을 쓰는데 편한 분위기에서 두 개의 채널이 다 열려 버리면 말도 섞여서 나오는 것 같습니다.

Q 교포 출신들에게서 흔히 볼 수 있는 반말과 존댓말을 섞어서 쓰는 경우가 그런 경우라고 봐도 될까요?

이론적으로 검증된 바가 있는지는 모르지만 아마 그렇게 봐도 되지 않을까 싶습니다.

Q 영어를 공부하시는 특별한 방법이 있나요?

토플이나 텝스 같은 영어인증시험을 보는 경우가 아니면 특별히 영어공부를 의식해서 하는 스타일은 아닙니다. 영어성경이나 영어 에세이, 소설 같은 걸 틈틈이 보는 정도입니다. 오히려 스페인어 같은 제2외국어를 기회가 되는 대로 공부하는 편입니다. 그리고 이상하게 들릴지도 모르지만 고등학교 때 한국어를 외국어 공부하듯이 한 적이 있습니다. 한국 대학입학시험을 준비할 때 한국어 문법부터 읽기, 쓰기 같은 걸 외국어 공부하듯이 했습니다. 당시에도 한국말을 할 줄은 알았지만 깊이 있게 독해하고 시험을 보기 위해서는 따로 특별한 공부가 필요했습니다. 그래서 지금도 한국말을 쓸 때 영어를 쓸 때보다 더 까다롭게 따져 보는 버릇이 있습니다. 예를 들면 맞춤법이 그런데 '다르다'와 '틀리다'를 정확히 구분해서 쓰려고 하는 경향 같은 게 있습니다.

> **Q** 한국 사람들이 영어 어법과 철자를 생각하고 따져 보며 쓰는 것과 비슷한 현상이군요. 그렇다면 세경 씨에게는 한국어와 영어 중 어느 것이 자신의 모국어라고 생각하십니까?

둘 다라고 생각되는데요. 말씀드렸듯이 두 개의 채널이 있어서 상황에 맞추어서 말을 쓰는 것 같습니다. 하지만 때로는 두 언어 모두 내가 완벽하게 잘하는 게 아니라는 생각도 종종 합니다. 영어나 한국어 둘 다 모국어 같기는 하지만 어느 쪽도 완전하게 개념을 확실히 잡고 있다는 느낌이 들지 않기도 합니다.

> **Q** 그래도 한국어와 영어, 두 채널을 원할 때 자유롭게 열어 쓸 수 있다면 대단히 편리하겠군요. 선뜻 이해하기 어려운 부분이기는 하지만 한국어와 영어를 그런 식으로 자유자재로 활용할 수 있다면 참 좋겠다는 생각이 듭니다. 그럼 세경 씨는 스페인어를 할 때는 영어나 한국어로 먼저 생각하고 말을 하고, 글을 씁니까?

예 그렇습니다. 스페인어 같은 경우는 한번 머릿속에서 생각을 가다듬고 문장을 정리해서 말을 하고 의사소통을 해야 합니다.

> **Q** 그럼 스페인어는 확실히 외국어 같겠군요. 그 언어들을 공부하는 특별한 학습법 같은 게 있다면 끝으로 소개해 주시겠습니까?

외국어 학습법에 특별한 방법이 있다기보다는 대부분 아시는 일반적인 방법들이 공통으로 적용되리라 생각됩니다. 많이 읽고, 쓰고, 듣고, 말하는 겁니다. 틀리는 부분도 계속 있을 거고 그러면 다시 고쳐 가면서 또 읽고, 쓰고, 듣고, 말하는 과정을 반복하는 거죠. 특별한 비법보다는 아는 방법을 실천하는 게 중요하다고 생각합니다.

    국내파와 해외파의 특징을 단 두 사람의 이야기만 듣고 일반화시킬 수는 없을 것입니다. 그러나 두 사람 모두 외국어 공부를 하는 데 있어 필요한 점을 공통적으로 지적하고 있었습니다. 김태원 씨는 물이 100도를 넘어야 팔팔 끓듯이 영어의 끓는점을 넘길 수 있도록 영어에 즐겁게 미쳐서 6개월 이상은 공부할 것을 권했고, 이세경 씨는 모두가 아는 외국어 학습 방법인 많이 읽고, 쓰고, 듣고, 말하는 과정을 반복할 것을 추천했습니다. 두 사람에게 특별한 비법이 있을까 하고 기대했던 바람은 결국 바람으로 그치고 말았습니다.

    점수화할 수 있는 시험영어에서는 일정한 목적지가 있을 수 있습니다. '다음 시험 때는 토익 900점을 넘어야지.' '텝스 1+급을 받아야지.' '토플 110점은 받아야지.' 여러 가지 구체적인 목표점이 있을 수 있습니다. 그리고 문제풀이 기술이나 학원 강의용 '특별한 방법'이 있을 수는 있습니다.

    하지만 영어의 세계는 결국 언어의 세계입니다. 이 세상을 표현하는 또 다른 언어인 영어를 익히는 데, 시험영어의 문제를 푸는 얄팍한 방법만 조금 익힌다고 해서 될 일이 아닙니다. 꾸준한 노력으로 잘하고 싶은 만큼 공을 들이고 노력해야 영어를 잘 익히고 잘 쓸 수 있습니다. 가능하다면 영어권의 역사와 문화, 정신까지도 파악해야 영어를 정확히 익히고 이해할 수 있을 것입니다. 시험영어의 점수는 영어를 제대로 잘 익힌 이후 기술적인 연습을 통해 얼마든지 해결해 나갈 수 있습니다. 이걸 언제 다 하냐고요?

그래서 큰 숲을 보고 큰 걸음과 큰 호흡으로 걸어 나가야 합니다. 동시에 숲속의 나무들도 하나하나 만져가며 걸어 나가야 합니다. 영어라는 큰 틀을 보고 생활 속에서 공부하되, 늘 사전과 문법책도 옆에 두고 정확한 표현과 어법도 계속 점검하고 아는 것도 다시 확인해 가며 익혀 나가야 합니다.

경사진 비탈길도 있을 것이고, 그만 주저앉고 싶을 때도 있을 겁니다. 그러나 산속에 가만히 앉아 있다고 해서 약수터가 자기 앞으로 올 일도 없고, 편안한 산장과 경치 좋은 풍경이 자기 앞으로 뚜벅뚜벅 찾아 올 일도 없습니다. 계속 걷고 길을 찾아나가는 일은 결국 영어라는 거대한 산맥을 타는 우리의 몫입니다. 그 산맥을 먼저 올라타서 지금도 길을 걷고 있는 제 족적이 보다 좋은 길을 찾는 분들의 눈과 마음을 조금이라도 어지럽히지 않았기를 소망합니다.

　히딩크 감독이 대한민국 축구 대표팀 첫 훈련에서 실시한 연습이 패스연습이었다고 합니다. 어린 시절부터 공을 차고, 프로무대와 국제무대를 거치면서 단련될 대로 단련된 국가대표 선수들을 데리고 한 첫 연습이 패스연습이었습니다. 특별한 전술훈련이나 새로운 선진축구 개념을 가르치는 첫 연습이 아니었습니다. 그리고 월드컵 대회 직전에는 알려진 대로 엄청난 강도의 체력훈련을 실시했습니다. 대회 직전에 잔기술과 특이한 비법보다는 전·후반 풀타임 이상으로 뛸 수 있는 기본체력 배양에 집중했습니다.

　2002년 월드컵 4강 진출이라는 대기록을 세운 이후 한국 사회는 히딩크 리더십을 조명하기 바빴습니다. 연고주의 타파, 실력위주의 선수 등용, 기본기 충실, 체력강화 등등 당시 언론이 밝힌 히딩크 성공요인은 다채로웠습니다. 하지만 거기에 꼭 따라붙는 전문가들의 공통된 평이 있었습니다.

　"우리가 사실 히딩크의 방법을 몰랐던 건 아니다. 히딩크는 단지 제대로 실천했을 뿐이다."

　이 코멘트는 영어공부에도 그대로 들어맞습니다. 사실 초·중·고등학교를 거치면서 우리는 영어를 공부할 기회를 얼마든지 만납니다. 거리마다 가득한 영어 학원과 각종 미디어의 영어 학습 홍수 속에서 우리는 단련될 대로 단련되었다고도 할 수 있습니다. 하지만 한국 축구가 골 결정력 부족이라는 고질적인 병폐에 시달린 것처럼 우리는 외국인 앞에만 서면 말문이 막히고 영어만 보면 울렁증부터 생기는 일을 많이 겪습니다.

저도 그랬습니다. 초임 해군 통역관 시절에도 통역 마이크 앞에 서지 않으려 한다거나 그 전에 통역학원을 다닐 때도 발표연습을 꺼려하는 경우가 있었습니다. 그러나 성장통이 있어야 키가 자라듯이 부끄러운 순간, 힘든 시간을 넘어서야 영어실력도 성장합니다. 제 인생에서 가장 영어공부를 열심히 했던 통역관 시험 준비기간과 그 이후 생활에서 저도 고비를 여러 번 넘겨야 했습니다. 그 때 제가 늘 하던 생각이 '기본적인 방법, 내가 늘 공부하던 방법을 그대로 하자' 였습니다. 세상에 배고프면 먹고, 졸리면 자고, 마려우면 싸는 일 외에 뾰족한 대책이 있는 일은 별로 없습니다.

그래도 영어공부의 특별한 비법을 갈구하던 마음은 늘 솟구쳤습니다. 하지만 그 어디에도 없었습니다. 그저 어렸을 때부터 영어공부를 할 때마다 듣던 방법인 많이 읽고, 쓰고, 듣고, 말하고 또 다시 외우고 반복하는 것밖에 없었습니다. 영어를 잘하고 싶으면 잘하고 싶은 만큼 공부하는 방법밖에 없었습니다.

제가 이런 불편한 진실을, 덧붙이는 말을 써 가면서까지 다시 강조하는 이유가 있습니다. 영어공부를 할 때 가슴에 간직했으면 하는 한 가지 원칙을 마지막으로 나누고 싶어서입니다.

그 원칙은 자신에게 거짓말하지 말라는 것입니다. 세상에서 제일 속이기 쉬운 사람은 그 누구도 아닌 바로 자기 자신입니다. '이 정도면 되겠지. 내가 이 나이에 영어를 왜?' '영어는 대학 갈 정도만 하면 되지, 뭘.' '취직만 하면 끝이지, 영어로 밥 벌어 먹고 살 것도 아닌데.' 영어를 잘하고 싶은 욕망은 있으면서도 우리는 적당히 자기를 속이는 말들로 스스로를 안심시킵니다.

 법대를 다니던 시절 영어공부를 거의 안 할 때에 제가 했던 생각도 '지금 당장 영어 필요하지도 않은데 뭘, 나중에 하지'였습니다. 그 덕에 대학 졸업 후 통역관 시험 준비하던 기간에 잃어버린 시간을 벌충하느라 무진 애를 쓸 수밖에 없었습니다. 그 기간이 다행히 성장통 기간이 되어 조금은 나아진 영어실력을 갖출 수 있었습니다. 은근슬쩍 자기한테 거짓말하고 스스로를 안심시키며 넘어가지 마시고 영어를 잘하고 싶다면 바로 지금 공부를 시작하십시오.

 이 책을 펼쳐 보신 분들이라면 영어에 관심이 있는 분들이고 아마 영어학습의 기본방법은 다 알고 계실 것입니다. 제가 드리고 싶은 말씀은 한 가지 "여러분이 알고 계신 기본적인 방법을 바로 실천하시라"는 겁니다. 이 책에 나와 있는 내용들은 제 경험을 중심으로 각자에게 최적화된 방법을 찾아 나가는 데 도움과 영감을 드릴 수 있는 사례들입니다. 이걸 바탕으로 각자의 더 좋은 길을 찾아가셔야 합니다. 그리고 보다 좋은 길을 찾으셨다면 널리 알리셔서 더 많은 대화와 나눔의 씨앗이 되도록 해주십시오. 대화와 나눔이 이 땅에서 '특별한 영어'를 '특별한 돈과 노력' 들이지 않고 익혀 나가는 첫길임을 거듭 말씀드립니다. 씨앗이 거듭나 각자의 풍성한 열매로 영글어가기를 기대합니다.

- http://grammar.ccc.commnet.edu/grammar/
- http://grammar.quickanddirtytips.com
- http://www.gohackers.com/
- http://www.film.com
- http://www.etymonline.com
- http://www.eslassistant.com
- http://en.yappr.com
- http://www.britishcouncil.org/learning-english-gateway.htm
- http://www.apbroadcast.com
- http://www.beuni.com/be_new/path_html/englishform/mainpage.php
- http://www.arirang.co.kr
- http://joongangdaily.joins.com/
- http://www.jungdaejin.net
- http://www.koreatimes.co.kr/www/LT/learningtimes.asp
- http://www.mp3english.co.kr/
- http://www.neoqst.com
- http://www.npr.org
- http://www.pbs.org
- http://edition.cnn.com/TRANSCRIPTS
- http://edition.cnn.com/studentnews

연습해 보세요!

● http://www.englishcube.net

● http://www.ytn.co.kr/article/0401_list.php
● http://www.wordspy.com/

● http://dubhappy.com

삼삼한 영어공부 추천 사이트 33

● http://www.sdpro.co.kr

● http://www.script-o-rama.com/ table.shtml

● http://www.radiodiaries.org/
● http://www.real-english.com/

● http://shakespeare.mit.edu/works.html
● http://thesaurus.com
● http://www.usalearns.org
● http://www.voanews.com

● http://www.bbc.co.uk/worldservice/learningenglish

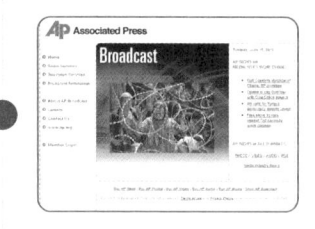

http://www.apbroadcast.com
AP뉴스 사이트. 실시간 영어뉴스 업데이트! 속도감 있는 청취! AFN Korea 라디오 방송을 통해서도 매시간 뉴스 업데이트를 들을 수 있음

http://www.arirang.co.kr
국제방송교류재단이 영어로 제작하여 송출하는 아리랑방송의 모든 내용을 확인할 수 있는 사이트. 한국의 소식을 영어로 어떻게 전달하는지는 확인하는 데 매우 유용함

http://www.bbc.co.uk/worldservice/learningenglish
영국 BBC 방송 공식 사이트. 문법 분야의 온라인 강좌가 마련되어 있는 것이 특징. 영국식 영어를 다양한 방송내용과 함께 경험할 수 있는 최적의 사이트

http://www.beuni.com/be_new/path_html/englishform/mainpage.php
다양한 시험영어에 대한 자료를 총정리해 둔 사이트. 시험영어에 대한 자료와 정보를 찾기에 매우 유용한 곳

http://www.britishcouncil.org/ learning-english-gateway.htm

영국문화원의 공식사이트. 영국식 영어를 정통으로 배울 수 있는 사이트. 영국의 다양한 문화와 현대적인 영어사용환경을 체험할 수 있음

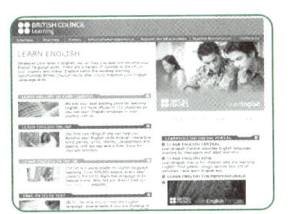

http://dubhappy.com

일본애니메이션에 영어더빙을 입혀 제공하는 사이트. 디즈니 애니메이션만 보며 영어공부를 할 수 있는 건 아님

http://edition.cnn.com/studentnews

10대를 위한 CNN 사이트. 학습용으로 이용하기 쉬운 보다 평이한 영어뉴스 제공!

http://edition.cnn.com/TRANSCRIPTS

CNN의 스크립트를 모아 둔 페이지. 대표적인 영어뉴스 사이트 CNN을 제대로 활용하려면 반드시 알아두어야 할 주소

http://en.yappr.com
동영상 공유 영어 학습 사이트. 다양한 동영상과 자막을 동시에 볼 수 있는 사이트. 단계별 영어 학습코너도 꾸려져 있음. 보다 보면 빵 터질 때가 많음!

http://www.englishcube.net
문법·어휘·독해·영작 등과 관련된 인터넷 영어 학습 사이트를 총망라해서 소개해 둔 곳. 자신에게 필요한 영어사이트를 찾아보기에 좋은 영어 학습 포털

http://www.eslassistant.com
마이크로소프트에서 제공하는 영어문장 점검 사이트. 자기 영작문의 간단한 문법오류나 철자를 점검하는 데 유용함

http://www.etymonline.com
영어단어의 어원을 알고 싶다면 꼭 방문해봐야 할 사이트. 영어를 깊이 있게 공부하고자 하는 분들에게 추천하고 싶은 사이트

http://www.film.com
영화, TV 프로그램 등에 관한 기본적인 소개가 종합되어 있는 사이트. 관심 있게 볼 만한 영화나 드라마, 방송프로그램을 찾아가는 데 가이드로 삼을 만한 곳

http://grammar.ccc.commnet.edu/grammar/

영문법에 대한 기본적인 지식을 쌓을 수 있는 사이트. 문제를 풀어보며 실시간으로 확인학습이 가능함

http://grammar.quickanddirtytips.com

Grammar girl이라는 캐릭터가 틀리기 쉬운 영문법이나 어법 등을 설명해 주는 사이트. 영어로 설명을 하지만 스크립트가 있어 문법과 듣기 공부를 동시에 할 수 있음

http://www.gohackers.com/

다양한 시험영어와 유학정보들을 정리해 둔 사이트. 시험영어를 공부하면서 필요한 자료는 거의 다 찾아볼 수 있는 곳

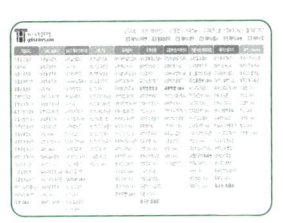

http://joongangdaily.joins.com/

중앙데일리의 공식 사이트. English Clinic 코너에서 한영대역기사를 집중적으로 학습할 수 있고 영어로 기사내용도 들을 수 있음

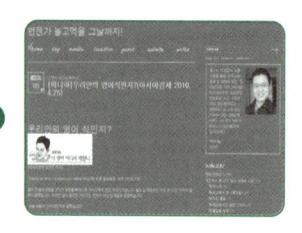

http://www.jungdaejin.net
《너 영어 어디서 배웠니?》의 저자 정대진의 공식 블로그. 영어공부 방법과 다른 영어 학습자들의 경험담과 노하우를 나눌 수 있는 곳

http://www.koreatimes.co.kr/ www/LT/learningtimes.asp
뉴스 동영상 강의와 사설 번역강의 등을 제공

http://www.mp3english.co.kr/
영어학습용 MP3 파일을 한 곳에서 찾아보고 다운받을 수 있는 곳. 뉴스영어, 연설문 등 다양한 주제를 한 곳에서 접하고 고를 수 있는 재미!

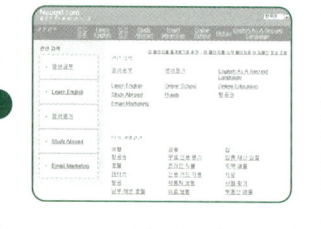

http://www.neoqst.com
영어공부와 관련된 정보를 한 곳에 일목요연하게 모아 둔 사이트. 영어학습용 자료와 추천 사이트를 연결해 둔 영어 학습 포털

http://www.npr.org

미국 공영라디오 방송. 적당한 속도의 빠르기. 찾아보기 쉬운 스크립트와 음성파일 다운로드. 24시간 라이브 듣기도 가능한 공영라디오 방송

http://www.pbs.org

미국 비영리 공영방송. 전문가들의 토론과 대담 프로가 백미! 고급영어를 공부하기에는 안성맞춤!

http://www.radiodiaries.org/

다큐멘터리 오디오를 제공하는 사이트. 주로 인터뷰 형식으로 진행되어 실생활에 유용한 표현을 많이 접할 수 있고 다방면의 이야기를 접할 수 있음

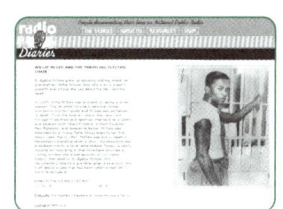

http://www.real-english.com/

회화 위주의 강의를 비디오 동영상으로 볼 수 있는 곳. 손쉽고 간편하게 시각화된 자료로 회화 중심의 영어공부를 할 수 있음

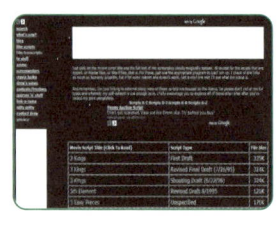

http://www.script-o-rama.com/table.shtml

수많은 영화의 스크립트가 제공되는 사이트. 원하는 영화를 검색해서 손쉽게 대본을 구할 수 있는 곳

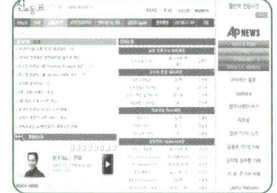

http://www.sdpro.co.kr

국내의 대표적인 통역학원인 신동표어학원의 사이트. 강좌별 자료실과 영어고수들의 경험담을 볼 수 있는 곳

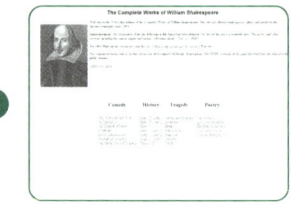

http://shakespeare.mit.edu/works.html

셰익스피어 전집을 텍스트로 제공하는 셰익스피어 전문 사이트. 셰익스피어를 많이 인용하는 영미권 문학이나 교양 있는 원어민들을 이해하기 위해서 한 번쯤 가 봐야 하는 곳

http://thesaurus.com

동의어와 반의어가 전문적으로 정리되어 있는 영영사전 사이트. 데이터베이스를 만들고 싶다면 적극 활용해야 함

http://www.usalearns.org

미국 정부가 제공하는 이민자들을 위한 영어 교육 사이트. 다양한 영어표현 상황을 초보 단계에서부터 공부할 수 있는 사이트

http://www.voanews.com

미국의 소리방송. 듣기 초보자 등을 위한 영어 학습 코너가 따로 마련되어 있음. 한국어로 제작되어 방송되는 영어 학습 프로그램도 있음

http://www.wordspy.com/

영어 신조어를 중점적으로 정리해서 소개하는 사이트. 새로운 단어가 꾸준히 업데이트되고 있음. 영어의 새로운 동향을 알고자 한다면 유용한 사이트

http://www.ytn.co.kr/article/0401_list.php

YTN 위성통역실. 다양한 주제의 기사를 국문과 영문으로 제공. 한눈에 좌우로 국영문 기사를 동시에 볼 수 있도록 편집되어 있어서 활용하기가 편리함

연습해 보세요!

  영어 한 문단 한글로 옮겨 보기

What kind of peace do I mean? What kind of peace do we seek? Not a Pax Americana enforced on the world by American weapons of war. Not the peace of the grave or the security of the slave. I am talking about genuine peace, the kind of peace that makes life on earth worth living, the kind that enables men and nations to grow and to hope and to build a better life for their children--not merely peace for Americans but peace for all men and women--not merely peace in our time but peace for all time.

— President John F. Kennedy, Washington, D.C., 10 June 1963

한글로 옮겨 보기 예시
한번 옮긴 후 제대로 보세요

내가 뜻하는 평화가 무엇인가? 우리가 추구하는 평화가 무엇인가? 그것은 미국 이 무기를 통해 세계에 강요하는 강요된 평화가 아닙니다. 죽음의 평화 나 노예의 안전도 아닙니다. 제가 말씀드리는 것은 진정한 평화입니다. 지구상 의 삶을 살 만한 것으로 만드는 평화, 사람과 국가로 하여금 성장하고 희망하 고 그들의 자녀들을 위해 더 나은 삶을 건설할 수 있게 해주는 평화, 단지 미국 인을 위한 평화가 아니라 모든 사람들을 위한 평화, 우리 시대의 평화뿐만 아니 라 모든 시대의 평화입니다. — 존 F. 케네디, 1963년 6월10일, 워싱턴 D.C.

연습해 보세요!

 한글 한 문단 영어로 옮겨 보기

아시아는 겸손을 미덕으로 삼는 지역입니다. 그러나 겸손함은 행동양식이지, 결코 비전이나 목표에 관한 것은 아닙니다. 겸손은 헌신이나 리더십의 부족을 의미하지 않습니다. 그보다는 요란한 팡파르를 울리지 않고 행동하는 결단력에 가깝습니다. 이것이 아시아의 성공요인일 것입니다. 그리고 유엔의 미래에도 똑같이 적용될 것입니다. 게다가 우리 유엔은 그 방법에 있어서는 겸손할지 몰라도 결코 가치에 있어서는 물러서지 않습니다. 우리는 보다 겸손히 말하겠지만 행동은 과감하게 하겠습니다.

— 반기문, 유엔 사무총장 취임수락연설, 2006년 10월13일, 유엔총회

영어로 옮겨 보기 예시
한번 옮긴 후 제대로 보세요

Asia is also a region where modesty is a virtue. But the modesty is about demeanor, not about vision and goals. It does not mean the lack of commitment or leadership. Rather, it is quiet determination in action to get things done without so much fanfare. This may be the key to Asia's success, and to the UN's future. Indeed, our Organization is modest in its means, but not in its values. We should be more modest in our words, but not in our performance.

— Secretary-General Ban Ki-moon, Acceptance speech on appointment, General Assembly, 13 October 2006